혼자 배우는 독일어 첫걸음

박일균 지음

정진출판사

머리말

《혼자 배우는 독일어 첫걸음》을 펴내며

한국과 독일은 1955년 수교 이래 비약적인 발전을 이루어 왔습니다. 분단의 아픔을 공통적으로 겪어 온 양국은 라인강의 기적과 한강의 기적을 통해 많은 발전을 이루어 왔으며 양국의 교류 역시 꾸준히 이어오고 있습니다. 하지만 한국에서 제2외국어로서 독일어의 입지는 1990년대부터 약화되어 왔습니다.

그럼에도 불구하고 학술 분야에 있어서의 독일어는 세계에서 두 번째로 중요한 언어이며 미디어와 정보통신 분야, 그리고 문학 음악 예술 철학 등 다방면에서 독일어가 차지하는 비중은 상당하다고 할 수 있습니다.

최근에도 독일에 유학하려는 한국 학생들이 꾸준히 증가하고 있으며 업무 관계로 독일로 진출하는 주재원이나 여행객들도 크게 늘고 있습니다. 이러한 상황에서 독일어에 대한 지식을 습득한다는 것은 글로벌 시대의 무한한 가능성을 열어주는 것과 같습니다.

이 책은 독일어를 처음 접하는 사람이 쉽고 재미있게 배울 수 있도록 알파벳부터 일상회화 및 문법까지 다양하게 구성되어 있습니다. 주요 구성에서 보듯 자주 쓰이는 회화체 표현과 해석, 일목요연한 설명과 연습문제 풀이로 여러분들의 독일어 실력을 크게 향상시켜 줄 것입니다.

끝으로 책의 출판을 허락해 주신 〈정진출판사〉 박해성 대표님께 감사드리며 이 책을 정성으로 편집하여 멋지게 만들어 주신 편집진에도 감사의 인사를 전합니다.

저자 박일균

이 책의 주요 구성

기본회화

실생활에서 자주 쓰이는 화제를 실어서 실제 활용에 도움이 되도록 하였습니다.

기본회화 해설

기본회화에 나오는 주요 내용을 상세히 설명하여 누구나 쉽게 독일어의 기본을 익힐 수 있도록 하였습니다.

새로 나온 단어

대화에 나오는 주요 단어를 정리하였습니다.

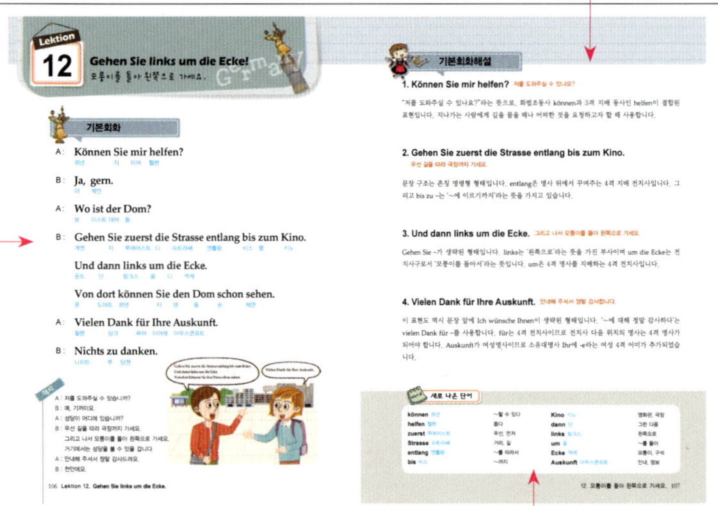

주요표현

기본회화와 관련된 여러 가지 다른 표현들을 수록하여 다양한 학습이 되도록 하였습니다.

Tip

혼동하기 쉬운 표현이나 핵심이 되는 표현들을 의미 이해에 도움이 되도록 간략하게 설명하였습니다.

주요표현 단어

주요표현에 나오는 핵심 단어들을 정리하였습니다.

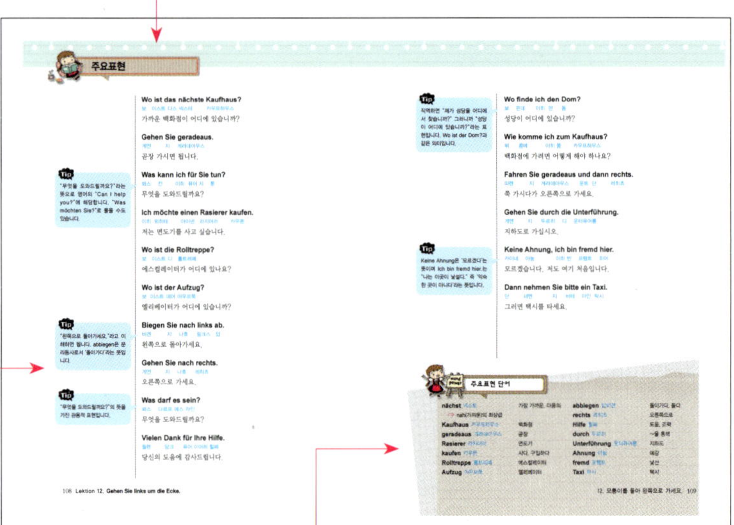

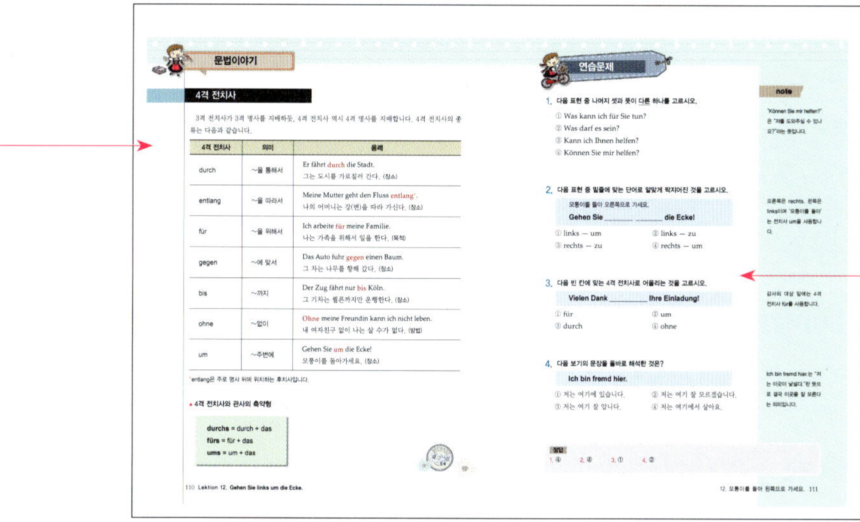

문법이야기

독일어의 기본이 되는 문법과 용법을 정리하여 응용력을 키우도록 하였습니다.

연습문제

해당 과에서 배운 것을 기초로 여러 가지 문제를 풀면서 응용력을 키우도록 하였습니다.

주제별 단어

본문에서 다루지 못한 생활에 꼭 필요한 단어들을 그림과 함께 수록하였습니다.

독일 엿보기

학습자들이 독일어에 흥미를 갖도록 하기 위해 독일의 문화와 생활을 소개하였습니다.

한 가지 학습자 여러분께 당부드리고 싶은 말은 이 책에 한글로 병기된 발음은 단지 참고로만 활용하시고, 정확한 발음은 녹음된 독일 현지인의 발음을 따라하면서 습득하시기 바랍니다.

차례

발음편

● 독일어의 문자와 발음

일상회화편

발음편

독일어의 문자와 발음

1. 독일어의 알파벳(Das Alphabet)

독일어의 알파벳은 영어와 같은 26개의 자모에 변모음(ä, ö, ü)과 에스체트(ß)가 추가되어 총 30개입니다. 발음기호를 통해 알파벳을 익히도록 해 봅시다.

문자		발음	문자		발음
A	a	[aː] 아-	P	p	[pe:] 페-
B	b	[be:] 베-	Q	q	[ku:] 쿠-
C	c	[tse:] 체-	R	r	[ɛr] 에어
D	d	[de:] 데-	S	s	[ɛs] 에쓰
E	e	[e:] 에-	T	t	[te:] 테-
F	f	[ɛf:] 에프-	U	u	[u:] 우-
G	g	[ge:] 게-	V	v	[fau:] 파우-
H	h	[ha:] 하-	W	w	[ve:] 베-
I	i	[i:] 이-	X	x	[Iks:] 익스-
J	j	[jɔt] 요트	Y	y	[ʏpsilɔn] 윕실론
K	k	[ka:] 카-	Z	z	[tsɛt] 체트-
L	l	[ɛl:] 엘-	Ä	ä	[ɛ:] 에-(아-움라우트)
M	m	[ɛm] 엠	Ö	ö	[ø:] 외-(오-움라우트)
N	n	[ɛn] 엔	Ü	ü	[y:] 위-(우-움라우트)
O	o	[o:] 오-	ß	ß	[ɛstsɛt] 에쓰체트

▶ 대문자는 아래의 경우에 사용합니다.
  1) 모든 명사 : Er geht zum **A**rzt.　　　　2) 문장을 시작할 때 : **A**m Morgen gehe ich spazieren.
  3) 인칭대명사와 소유대명사의 존칭 : **S**ie, **I**hr

2. 독일어의 발음(Aussprache)

독일어의 30개 알파벳 중 모음으로 소리나는 철자는 a, e, i, o, u와 변모음 ä, ö, ü 등 총 8개입니다. 영어의 모음이 다양한 소리를 내는 것과는 달리 독일어 모음은 기본적으로 하나의 소리만 내므로 발음 자체는 영어보다 쉽다고 할 수 있습니다.

1) 모음 체계

단모음

발음 기호상 장음부호 [ː]가 없는 모음으로서 짧게 발음합니다.

a

입을 크게 벌리고 [아]라고 짧게 발음합니다.
anfangen [ˈanˌfaŋən 안팡엔] 시작하다
Ball [bal 발] 공

ɛ

입술과 혀의 힘을 빼고 [애]와 [에]의 중간 발음으로 합니다.
denken [ˈdɛŋkn̩ 뎅켄] 생각하다
Bett [bɛt 베트] 침대

ɪ

입술과 혀의 힘을 빼고 입술을 좌우로 잡아당기며 [이]라고 발음합니다.
finden [ˈfɪndn̩ 핀덴] 찾다
Film [fɪlm 필름] 영화

ɔ

입술을 둥글게 하고 힘을 약간 빼면서 [오]라고 발음합니다.
oft [ɔft 오프트] 종종, 자주
Onkel [ˈɔŋkl̩ 옹클] 삼촌, 숙부

ʊ

입술을 둥글게 하고 턱을 약간 위로 올려 [우]라고 발음합니다.
Mutter [ˈmʊtɐ 무터] 어머니
unter [ˈʊntɐ 운터] ~아래

ɛ

입술의 힘을 약간 빼고 [에]라고 짧게 발음합니다.
Hände [ˈhɛndə 헨데] 손
Gärten [ˈgɛʁtn̩ 게어튼] 정원(복수형)

œ

[외]라고 짧게 발음하되 [외에–]가 되지 않도록 주의합니다.
können [ˈkœnən 쾨넨] ~할 수 있다
öffnen [ˈœfnən 외프넨] 열다

Y

입술은 u 모양으로 하고 혀는 i의 위치로 하여 [위]로 발음합니다.

dünn [dʏn 뒨] 얇은, 마른

müssen [ˈmʏsn 뮈쎈] ~해야 한다

장모음

장음부호[ː]가 표시되어 있으며 단모음보다 길게 발음합니다.

aː

입을 크게 벌리고 단모음 [a]보다 길게 [아-]라고 발음합니다.

aber [ˈaːbɐ 아-버] 그러나

Haar [haːɐ̯ 하-아] 머리카락

fahren [ˈfaːʀən 파-렌] 타고 가다

eː

입술을 좌우로 당기고 윗니와 아랫니 사이를 약간 열어 [에-]라고 발음합니다.

geben [ˈgeːbn 게-벤] 주다

Meer [meːɐ̯ 메-어] 바다

Lehrer [ˈleːʀɐ 레-러] 선생님

iː

입술을 좌우로 강하게 당기면서 [이-]라고 발음합니다.

Kino [ˈkiːno 키-노] 영화관

Bier [biːɐ̯ 비-어] 맥주

ihm [iːm 이-임] 그에게

oː

입술을 둥글게 내밀고 [오-]라고 길게 발음합니다.

Monat [ˈmoːnat 모-나트] 달, 월

Boot [boːt 보-옷] 보트

ohne [ˈoːnə 오-네] ~없이

uː

입술을 둥글게 하여 [오-]보다 더 앞으로 내밀고 [우-]라고 발음합니다.

gut [guːt 굿] 좋은

Uhr [uːɐ̯ 우-어] 시계

ɛː

[에-]와 [애-]의 중간 발음입니다.

Käse [ˈkɛːzə 케-제] 치즈

erzählen [ɛɐ̯ˈtsɛːlən 에어쩰-렌] 이야기하다

øː

[œ]의 발음보다 더 길게 하여 [외-]라고 발음합니다.

hören [ˈhøːʀən 회-렌] 듣다

Söhne [ˈzøːnə 죄-네] 아들들(아들 복수형)

y: 입술은 u 모양으로 하고 혀는 i의 위치로 하여 [위-]로 발음합니다.
Tür [ty:ɐ̯ 튀-어] 문
berühmt [bəˈʁy:mt 베륌트] 유명한

복모음

au [a]를 발음하면서 거의 동시에 [u]를 발음합니다. 이때 [아우]에 가깝게 발음됩니다.
Auge [ˈaugə 아우게] 눈
Baum [baum 바움] 나무

ai [a]를 발음하면서 거의 동시에 [i]를 발음한다. [아이]에 가깝게 발음됩니다.
Eis [ˈais 아이스] 얼음
Mai [ˈmai 마이] 5월
Bayern [ˈbaiɐn 바이언] 바이에른 지방
Meyer [ˈmaiɐ 마이어] 마이어(이름)

ɔy [ɔ]에 [y]를 붙여서 발음합니다. ä는 e와 같은 음을 지니고 있으므로 äu와 eu는 발음이 같습니다. [에우]가 아니라 [오이]로 발음하니 주의해야 합니다.
heute [ˈhɔytə 호이테] 오늘
teuer [ˈtɔyɐ 토이어] 비싼
Bäume [ˈbɔymə 보이메] 나무(복수형)
Häuser [ˈhɔyzɐ 호이저] 집(복수형)

iə -ie의 앞 모음에 악센트가 있으면 [i]는 짧은 [i]로 발음한다. [이에]에 가깝게 발음됩니다.
Familie [faˈmi:li̯ə 파밀리에] 가족
Linie [ˈli:ni̯ə 리-니에] 선, 줄

2) 자음 체계

p나 pp는 소리나는 대로 [p]로 발음하며 b는 단어 끝에 오거나 뒤에 자음이 올 때 [p]로 발음합니다.
Pause [ˈpauzə 파우제] 휴식, 중지
Suppe [ˈzupə 주페] 수프
halb [halp 할프] 절반, 1/2

t, tt, th 등은 소리나는 대로 [t]로 발음하며 d는 단어 끝에 올 때 [t]로 발음합니다. dt도 역시 [t]로 발음합니다.

Tisch [tɪʃ 티쉬] 탁자, 책상
Mutter [ˈmʊtɐ 무터] 어머니
Theater [teˈatɐ 테아터] 극장
Kind [kɪnt 킨트] 아이
Stadt [ʃtat 슈타트] 도시

k

k나 ck는 소리나는 대로 [k]로 발음하고 g는 단어 끝에 올 때 [k]로 발음합니다.
krank [kʀaŋk 크랑크] 아픈
Ecke [ˈɛkə 엑케] 모퉁이
Tag [taːk 탁] 날, 낮

b

b가 단어 처음에 오거나 b 뒤에 모음이 올 때는 [b]로 발음합니다.
Ball [bal 발] 공
leben [ˈleːbn̩ 레-벤] 살다

d

d가 단어 처음에 오거나 d 뒤에 모음이 올 때는 [d]로 발음합니다.
Dank [daŋk 당크] 감사
dein [daɪ̯n 다인] 너의

g

g가 단어 처음에 오거나 g 뒤에 모음이 올 때는 [g]로 발음합니다.
Glas [glaːs 글라-스] 컵, 유리
gern [gɛʀn 게언] 기꺼이

pf

[pf] 발음은 거의 [p]와 같이 들리지만 [f] 발음도 함께 해야 합니다.
Kopf [kɔpf 콥프] 머리
Apfel [ˈapfl̩ 압펠] 사과

ts

z, tz, ts, ds는 [t]와 [s]를 합쳐 [츠]로 발음합니다.
Zimmer [ˈtsɪmɐ 찜머] 방
Platz [plats 플랏츠] 광장, 자리
Nichts [nɪçts 니시츠] 무(無)
abends [ˈaːbn̩ts 아-벤츠] 저녁에

f

위쪽 앞니를 가볍게 아랫입술에 댄 사이로 나오는 마찰음으로 입술로만 소리를 내는 [p] 음과는 다릅니다.
Freund [fʀɔɪ̯nt 프로인트] 친구
Öffnen [ˈœfnən 외프넨] 열다
Vater [ˈfaːtɐ 파-터] 아버지
Photo [foto 포토] 사진

| ʃ |

sch, sp와 st로 시작되는 단어에서의 s는 [슈]로 발음합니다.

Schule [ˈʃuːlə 슐레] 학교

Sport [ʃpɔʁt 슈포엇] 스포츠, 운동

Student [ʃtuˈdɛnt 슈투덴트] 대학생

| tʃ |

tsch는 [취]로 발음합니다.

Deu**tsch**land [ˈdɔɪʧlant 도이칠란트] 독일

Tschüss [ʧʏs 취쓰] 안녕, 잘 가

| s |

s 다음에 모음이 오지 않을 때는 [s]로 발음하며 ss와 ß 역시 [s]로 발음합니다.

e**ss**en [ˈɛsn̩ 에쎈] 먹다

Gla**s** [glaːs 글라-쓰] 컵, 유리

Fu**ß** [fuːs 푸-쓰] 발

| h |

h 앞에 모음이 있을 때 h는 묵음이 되며, 단어의 처음이나 h 뒤에 모음이 오면 [h]로 발음됩니다.

haben [ˈhaːbn̩ 하-벤] 가지다

Hund [hʊnt 훈트] 개

| v |

윗니와 아랫입술 사이의 마찰음으로 [f]보다 약한 [v]로 발음합니다.

Wagen [ˈvaːgn̩ 바겐] 마차, 탈것

No**v**ember [noˈvɛmbɐ 노벰버] 11월

| z |

s 다음에 모음이 오면 [z]로 발음합니다. [s]와 구별해 주어야 합니다.

sehen [ˈzeːən 제-엔] 보다

le**s**en [ˈleːzn̩ 레-젠] 읽다

| ç |

[ç] 발음은 a, o, u, au 이외의 모음, 또는 자음 뒤에 ch가 올 때, 그리고 –ig로 끝나는 단어에서 발음됩니다. 혀의 중간을 높이고 세게 입김을 내보냅니다.

i**ch** [ɪç 이히] 나는

Mil**ch** [mɪlç 밀히] 우유

rich**tig** [ˈʁɪçtɪç 리시티히] 옳은

| x |

a, o, u, au 다음에 ch가 올 때 그 ch는 혀의 뒷부분과 입천장 뒤쪽 사이에서 나는 소리입니다.

Bu**ch** [buːχ 부-흐] 책

no**ch** [nɔχ 노흐] 여전히

j

[j]는 영어의 y 음처럼 발음합니다. Ja의 경우 [야] 하고 발음합니다.

Juni [ˈjuːni 유-니] 6월

ja [jaː 야-] 예

m

영어의 m에 해당하는 발음입니다.

Mutter [ˈmʊtɐ 무터] 어머니

Nu**mm**er [ˈnʊmɐ 누머] 번호

n

영어의 n에 해당하는 발음입니다.

nein [naɪ̯n 나인] 아니오

Ma**nn** [man 만] 남자

ŋ

–ng로 끝나는 단어에서, k 앞에 n이 올 때 n은 비음이 됩니다.

la**ng** [laŋ 랑] 긴

si**ng**en [ˈzɪŋən 징엔] 노래하다

Ba**nk** [baŋk 방크] 은행

l

[l] 음을 발음할 때는 혀끝을 입천장에 완전히 대었다가 떼어주며 발음합니다.

Lehrer [ˈleːʀɐ 레-러] 선생님

he**ll** [hɛl 헬] 밝은

r

[r] 혀끝을 잇몸 가까이에 접근시키며 [르]라고 발음합니다. [l]과 달리 혀가 입천장에 닿지 않게 합니다. 모음 앞에 위치하지 않은 r로 끝나는 경우는 모음화시켜 발음합니다.

Regen [ˈʀeːgn̩ 레-겐] 비

Na**rr** [naɐ̯ 나아] 바보

ks

chs는 x와 마찬가지로 [ks]로 발음합니다. [k]와 [s]를 거의 동시에 발음합니다.

He**x**e [ˈhɛksə 헥세] 마녀

se**chs** [zɛks 젝스] 여섯, 6

Fu**chs** [fʊks 푹스] 여우

qv

qv는 [kv]로 발음하고 q와 u는 함께 쓰입니다. [k]는 약하게 [v]는 강하게 [크브]로 발음합니다.

be**qu**em [bəˈkveːm 베크벰] 편안한

Quelle [ˈkvɛlə 크벨레] 샘, 원천

일상회화편

01 Guten Tag!
안녕하세요!

기본회화

A : **Guten Tag!**
구텐 탁

Wie geht es Ihnen?
뷔 게엣 에스 이넨

B : **Guten Tag!**
구텐 탁

Es geht mir gut, danke.
에스 게엣 미어 굿 당케

Und Ihnen?
운트 이넨

A : **Mir geht es auch gut.**
미어 게엣 에스 아우흐 굿

B : **Auf Wiedersehen!**
아우프 비더제엔

A : **Auf Wiedersehen!**
아우프 비더제엔

해석

A : 안녕하세요!
　어떻게 지내세요?
B : 안녕하세요!
　잘 지내요, 고마워요.
　당신은요?
A : 저도 잘 지내고 있어요.
B : 안녕히 계세요!
A : 안녕히 계세요.

기본회화해설

1. Guten Tag! 안녕하세요!

Guten Tag!은 "안녕하세요!"라는 의미로 주로 낮 시간에 하는 인사말입니다. 친구들이나 편한 관계에서는 Hallo!를 사용합니다.

2. Wie geht es Ihnen? 어떻게 지내세요?

Wie geht es Ihnen?은 상대에게 '그동안 어떻게 지냈는지', 혹은 '현재에도 어떻게 지내고 있는지'를 묻는 표현입니다.

3. Es geht mir gut, danke. 잘 지내요, 고마워요.

Es geht mir gut.은 '잘 지내고 있다'를 표현하고자 할 때 쓰는 말로서, 어떻게 지내고 있는지를 물어준 데 대한 고마움으로 danke(고맙습니다)를 추가로 말하는 것이 보통입니다.

4. Auf Wiedersehen! 안녕히 계세요!

헤어질 때 하는 인사말로 "안녕히 계세요!" 혹은 "다음에 봐요!" 등의 의미로 사용하는 말입니다.

새로 나온 단어

gut 굿	좋은	**mir** 미어	나에게
Tag 탁	날	**danke** 당케	고맙습니다
wie 뷔	어떻게	**und** 운트	그리고
geht 게엣	가다(3인칭 형태)	**auch** 아우흐	또한, 역시
es 에스	그것	**auf** 아우프	~위에
Ihnen 이넨	당신에게	**Wiedersehen** 비더제엔	다시 보다

Tip

Guten Morgen!
안녕하세요!(오전 인사)
Guten Tag!
안녕하세요!(오후 인사)
Guten Abend!
안녕하세요!(저녁 인사)
Gute Nacht!
밤에 헤어지거나 자라고 할 때 하는 인사말. 한편 Hallo는 시간에 관계없이 친한 사이에서 할 수 있는 인사말입니다.

Tip

Wie geht's?는 Wie geht es? 의 줄임말로, 친한 사이에서 할 수 있는 표현입니다.

Guten Morgen, Herr Müller.
구텐　모르겐　헤어 뮐러
안녕하세요(아침), 뮐러씨.

Guten Tag, Frau Huber.
구텐　탁　프라우 후버
안녕하세요(점심), 후버 부인.

Guten Abend, Herr Schulze.
구텐　아벤트　헤어　슐체
안녕하세요(저녁), 슐체씨.

Hallo!
할로
안녕!

Wie geht's?
뷔　게엣츠?
어떻게 지내?

Mir geht's gut, danke.
미어 게엣츠 굿　당케
잘 지내고 있어, 고마워.

Und dir?
운트　디어
그리고 너는? (잘 지내니?)

Nicht so gut.
니히트 조 굿
그렇게 잘 지내지는 않아.

So so.
조 조
그저 그래.

Mach's gut!
막스　굿
잘 지내라!

Tschüss!
취스
잘 가!

Auf Wiedersehen!
아우프 비더제엔
안녕히 가세요!

Gute Nacht!
구테 나흐트
잘 자!

Bis dann.
비스 단
다음에 봐요.

Schönen Abend noch!
쉐넨　　　아벤트　　노흐
좋은 저녁 되세요!

Schönes Wochenende!
쉐네스　　　보헨엔데
좋은 주말 보내세요!

주요표현 단어

Morgen 모르겐	아침	**nicht** 니히트		~이 아닌
Herr 헤어	신사, ~씨	**so** 조		그렇게
Abend 아벤트	저녁	**mach's** 막스		해라
Frau 프라우	여성, ~부인	⇒ mach es의 줄임말		
Nacht 나흐트	밤	**Tschüss** 취스		잘 가
Hallo 할로	안녕	**schön** 쉔		아름다운, 좋은
dir 디어	너에게	**Wochenende** 보헨엔데		주말

문법이야기

인칭대명사 1격, 3격

사람이나 사물을 지칭하는 대명사가 바로 인칭대명사입니다. 독일어의 인칭대명사 1격과 3격은 다음과 같이 나뉩니다.

인칭	격	단수	뜻	복수	뜻
1인칭	1격	ich	나는	wir	우리는
	3격	mir	나에게	uns	우리에게
2인칭	1격	du	너는	ihr	너희들은
	3격	dir	너에게	euch	너희들에게
3인칭	1격	er	그는	sie	그들은
		sie	그녀는		
		es	그것은		
	3격	ihm	그에게	ihnen	그들에게
		ihr	그녀에게		
		ihm	그것에게		
존칭	1격	Sie	당신은	Sie	당신들은
	3격	Ihnen	당신에게	Ihnen	당신들에게

1격은 주격이라 하며 문장에서 주어로 쓰이는 부분을 말합니다. 그리고 3격은 여격이라 하며 문장 내에서 간접목적어로 쓰이는 부분을 말합니다.

Wie geht es Ihnen?은 직역하면 "그것이 당신에게 어떻게 (되어)갑니까?"로서 es(그것)는 문법적인 주어가 되고, Ihnen(당신에게)가 의미상 주어가 되는 것입니다. 그래서 이 문장은 "당신은 어떻게 지내십니까?"로 이해해야 자연스러워집니다.

● 동사의 기본 구조

동사의 기본 구조	어간	어미 (–en)
예) geh**en** (가다)	geh	en

gehen(가다) 동사의 어간은 geh, 그리고 -en은 어미가 됩니다. 동사의 인칭변화는 바로 어미가 변화한다는 뜻입니다.

note

1. 다음 (   ) 안에 알맞은 명사를 써 넣으시오.

1) Guten (   )!   안녕하세요!(아침 인사)
2) Guten (   )!   안녕하세요!(점심 인사)
3) Guten (   )!   안녕하세요!(저녁 인사)
4) Gute (   )!   잘 자!(밤 인사)

Nacht(밤)는 여성명사이며, Morgen(아침), Tag(낮), Abend(저녁)는 남성명사 입니다.

2. 다음 대화에서 (   ) 안에 알맞은 단어를 고르시오.

> **A : Wie geht es Ihnen?**   어떻게 지내세요?
> **B : Danke, es geht (   ) gut.** 감사합니다. 잘 지냅니다.

① Ihnen
② ich
③ mir
④ dir

Ihnen(당신에게)로 물었으므로 '나에게'로 대답해야 합니다.

3. 주어진 말과 의미가 비슷한 것을 고르시오.

> **Auf Wiedersehen!**
> 잘 가요!

① Tschüss!
② Mach's gut!
③ Gute Nacht!
④ So so.

• Tschüss : 헤어질 때 하는 인사말

정답

1. 1) Morgen   2) Tag   3) Abend   4) Nacht   **2.** ③   **3.** ①

월 / 요일(Monat / Wochentag) 관련 단어

Vormittag 오전
포어미탁

Nachmittag 오후
나흐미탁

Abend 저녁
아벤트

Nacht 밤
나흐트

Jahr[야] 년, 해

letztes Jahr 레쯔테스 야	작년
dieses Jahr 디제스 야	금년
nächstes Jahr 넥스테스 야	내년

Monat[모낫] 월

Januar 야누아	1월
Februar 페브루아	2월
März 메르츠	3월
April 아프릴	4월
Mai 마이	5월
Juni 유니	6월
Juli 율리	7월
August 아우구스트	8월
September 젭템버	9월
Oktober 옥토버	10월
November 노벰버	11월
Dezember 데쳄버	12월

Wochentag[보헨탁] 요일

Montag 몬탁	월요일
Dienstag 디엔스탁	화요일
Mittwoch 미트보흐	수요일
Donnerstag 돈너스탁	목요일
Freitag 프라이탁	금요일
Samstag 잠스탁	토요일
Sonntag 존탁	일요일

Tag[탁] 날

Morgen 모르겐	아침
Mittag 미탁	정오
Mitternacht 미터나흐트	자정
heute 호이테	오늘
morgen 모르겐	내일
übermorgen 위버모르겐	모레
gestern 게스턴	어제
vorgestern 포어게스턴	그제

연방주의 국가 독일

독일은 지방자치가 가장 잘 이루어지고 있는 연방주의 국가입니다. 연방정부와 16개 주가 각기 독립적인 권한을 갖고 있습니다. 치안, 학교, 대학교, 문화 및 지방자치행정은 각 주의 권한 하에 있으며 16개 주의 행정부는 각 주의 법뿐 아니라 연방법도 집행하게 됩니다. 각 주의 주정부는 연방상원을 통해 연방의 입법과정에 직접 개입하고 있습니다.

독일의 연방주의는 단순한 국가제도를 넘어 독일의 분권화된 문화와 경제구조의 토대로서 오랜 전통을 가졌습니다. 16개 주로 구성된 독일의 연방주의적 구조는 정치적 기능 외에도 강한 지역별 정체성을 대변하기도 합니다. 기본법에는 1949년 제정 당시부터 각 주의 독립된 위상이 명시되어 있습니다. 그 후 1990년 독일이 통일을 이루면서 브란덴부르크, 메클렌부르크포어포메른, 작센, 작센안할트, 튀링엔 등 5개의 새 연방주가 탄생하였습니다.

노르트라인베스트팔렌 주는 인구가 1,760만 명으로 독일에서 가장 인구가 많은 주이고, 바이에른 주는 면적이 70,550 평방킬로미터로 독일에서 가장 면적이 넓은 주입니다. 독일의 수도인 베를린은 1 평방킬로미터당 인구가 3,838명으로 인구밀도가 가장 높습니다.

[독일 베를린 소재 연방의회]

Woher kommen Sie?
어디서 오셨어요?

 기본회화

A : **Guten Tag, Herr Kim!**
구텐　탁　헤어　킴

B : **Guten Tag, Frau Müller! Wer ist das?**
구텐　탁　프라우　뮐러　베어　이스트 다스

A : **Das ist Hans Meier!**
다스　이스트 한스　마이어

B : **Guten Tag, Herr Meier. Woher kommen Sie?**
구텐　탁　헤어　마이어　보헤어　콤멘　지

C : **Ich komme aus Österreich.**
이히　콤메　아우스 외스터라이히

Und woher kommen Sie?
운트　보헤어　콤멘　지

B : **Ich komme aus Korea.**
이히　콤메　아우스 코레아

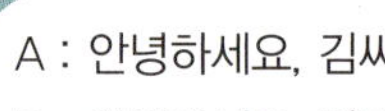 해석

A : 안녕하세요, 김씨!
B : 안녕하세요, 뮐러 부인.
　　이 사람은 누구시죠?
A : 이분은 한스 마이어입니다.
B : 안녕하세요, 마이어씨!
　　당신은 어디서 오셨어요?
C : 저는 오스트리아에서 왔습니다.
　　그리고 당신은 어디서 오셨죠?
B : 저는 한국에서 왔습니다.

1. Wer ist das? 이분은 누구십니까?

wer는 '누구'라는 뜻을 가진 의문사로 보통 사람을 나타냅니다. Wer ist das?는 "이 사람이 누구입니까?"라는 표현입니다.

2. Das ist Hans Meier. 이분은 한스 마이어입니다.

das ist는 영어의 'This is~'처럼 '이 사람은 ~이다'를 나타내는 표현입니다. das는 사람이나 사물을 가리키는 지시대명사이며, ist는 기본형 sein 동사의 3인칭 형태입니다.

3. Woher kommen Sie? 어디서 오셨습니까?

woher는 의문사로서 '어디에서' 혹은 '어디로부터'라는 뜻이며, 말하는 사람 쪽으로 오는 방향을 나타냅니다. kommen은 '오다'라는 뜻의 동사이며, Sie는 존칭으로서 상대방을 높여 부르는 인칭대명사입니다. 보통 상대방의 출신을 물을 때 사용되는 표현입니다.

4. Ich komme aus Österreich. 저는 오스트리아에서 왔습니다.

Woher kommen Sie?에 대한 대답으로서 Ich kommen aus ~를 사용하는데 나라 이름 앞에는 전치사 aus를 사용합니다. "저는 오스트리아에서 왔습니다." 혹은 "저는 오스트리아 출신입니다."로 이해하면 됩니다.

새로 나온 단어

wer 베어	누구		**Sie** 지	당신
ist 이스트	~이다		**ich** 이히	나
das 다스	이분, 이것		**aus** 아우스	~로부터, ~에서
woher 보헤어	어디에서		**Österreich** 외스터라이히	오스트리아
kommen 콤멘	오다		**Korea** 코레아	한국

주요표현

Tip

sind는 sein(~이다) 동사의 존칭 형태이다. Sie(당신)는 존칭을 나타내는 인칭대명사로서 항상 대문자로 쓴다.

Tip

der는 남성 정관사 1격으로서 남성명사 앞에서 쓰입니다. Mann은 '남자'를 나타내며 모든 명사는 대문자로 시작합니다.

Tip

er는 대명사로서 남성을 가리키거나 남성명사를 받을 때 사용합니다. 출신국가를 표현할 때는 전치사 aus를 씁니다.

Wer sind Sie?
베어 진트 지
당신은 누구십니까?

Ich bin Max Kohler.
이히 빈 막스 콜러
저는 막스 콜러입니다.

Wer ist der Mann?
베어 이스트 데어 만
그 남자는 누구입니까?

Er ist Helmut Bauer.
에어 이스트 헬무트 바우어
그는 헬무트 바우어입니다.

Woher kommt er?
보헤어 콤트 에어
그는 어디에서 왔습니까?

Er kommt aus Deutschland.
에어 콤트 아우스 도이칠란트
그는 독일에서 왔습니다.

Wohnt er in Deutschland?
본트 에어 인 도이칠란트
그는 독일에서 살고 있습니까?

Ja, er wohnt in Deutschland.
야 에어 본트 인 도이칠란트
예, 그는 독일에서 살고 있습니다.

Und wer ist das?
운트 베어 이스트 다스
그리고 이 사람은 누구입니까?

Das ist Na-Yeon Lee.
다스 이스트 나연 리
이 사람은 이나연입니다.

sie는 '그녀'이며 여성을 가리키거나 여성명사를 받을 때 사용합니다.

Kommt sie auch aus Deutschland?
콤트　　지　아우흐 아우스 도이칠란트
그녀도 독일에서 왔습니까?

Nein, sie kommt aus Korea.
나인　지 콤트　　아우스 코레아
아니요, 그녀는 한국에서 왔습니다.

Aber sie wohnt auch in Deutschland.
아버　지 본트　　아우흐　인 도이칠란트
하지만 그녀도 역시 독일에서 살고 있습니다.

Was machen Sie hier?
봐스 마헨　　　지 히어
여기서 무엇을 하나요?

Ich studiere hier.
이히 슈투디어레　히어
공부하러 왔어요.

Ich bin im Urlaub.
이히 빈 임 우얼라웁
휴가 왔어요.

주요표현 단어

sind 진트	～이다	**in** 인	～에서
⇒ sein 동사의 존칭 형태		**ja** 야	예
der 데어	그(정관사)	**sie** 지	그녀
Mann 만	남자	**auch** 아우흐	또한, 역시
er 에어	그는	**nein** 나인	아니오
kommt 콤트	오다	**aber** 아버	그러나
⇒ kommen 동사의 3인칭 형태		**was** 봐스	무엇
Deutschland 도이칠란트	독일	**machen** 마헨	하다
wohnt 본트	살다	**Urlaub** 우업라웁	휴가
⇒ wohnen의 3인칭 단수 형태			

문법이야기

sein 동사의 현재인칭변화

영어의 be 동사에 해당하는 독일어의 sein(~이다) 동사는 주어의 인칭에 따라 다음과 같이 어미변화를 합니다.

	단수			복수		
1인칭	ich	나는	**bin**	wir	우리는	**sind**
2인칭	du	너는	**bist**	ihr	너희들은	**seid**
3인칭	er / sie / es	그는 / 그녀는 / 그것은	**ist**	sie / Sie	그들은 / 당신은	**sind**

● 규칙동사의 현재인칭변화

일반동사는 주어의 인칭에 따라 다음과 같이 어미변화를 합니다.

	단수		복수	
1인칭	ich	**-e**	wir	**-en**
2인칭	du	**-st**	ihr	**-t**
3인칭	er / sie / es	**-t**	sie / Sie	**-en**

위의 어미변화 원칙에 따라서 kommen(오다) 동사는 다음과 같이 변화합니다.

	단수		복수	
1인칭	ich	**komme**	wir	**kommen**
2인칭	du	**kommst**	ihr	**kommt**
3인칭	er / sie / es	**kommt**	sie / Sie	**kommen**

1. 다음의 올바른 뜻을 고르시오.

> **Wer ist das?**

① 당신은 누구십니까?
② 어디서 오셨어요?
③ 이것은 무엇입니까?
④ 이분은 누구십니까?

2. 다음 동사의 올바른 형태를 고르시오.

> **Woher _________________ Sie?**
> 어디서 오셨어요?

① komm
② komme
③ kommen
④ kommt

3. 다음 문장에서 알맞은 전치사를 써 넣으시오.

> **Ich komme ______ Korea.**
> 저는 한국에서 왔습니다.

① an　　　　　　② aus
③ auf　　　　　　④ in

정답

1. ④　　2. ③　　3. ②

note

• wer 누구
• woher 어디에서
• was 무엇
• das 이것, 이 사람

Woher kommen Sie?
당신은 어디서 오셨습니까?

'~에서', '~로부터'에 해당하는 전치사는 aus

날씨(Wetter) 관련 단어

Sonne 태양, 해
존네

Mond 달
몬트

Stern 별
슈테른

Wolke 구름
볼케

Regen 비
레겐

Blitz 번개
블리츠

Wind 바람
빈트

Schnee 눈
슈네

Wetter 베터	날씨	**wolkig** 볼키히	구름 낀
Wettervorhersage 베터포헤어자게	일기예보	**kalt** 칼트	추운
Temperatur 템퍼라투어	기온	**warm** 봐름	따뜻한
Sturm 슈투름	폭풍	**lauwarm** 라우봐름	미지근한
Hagel 하겔	우박	**heiß** 하이쓰	뜨거운
Frost 프로스트	서리	**kühl** 퀼	서늘한
Nebel 네벨	안개	**schwül** 슈뷜	무더운
Donner 돈너	천둥	**feucht** 포이흐트	습한
Gewitter 게비터	뇌우	**trocken** 트로켄	건조한
Ebbe 엡베	썰물	**nebelig** 네벨리히	안개 낀
Flut 플룻	밀물	**Frühling** 프륄링	봄
Hochwasser 호흐바써	홍수	**Sommer** 좀머	여름
Erdbeben 에어트베벤	지진	**Herbst** 헤르프스트	가을
sonnig 조니히	맑은	**Winter** 빈터	겨울

독일의 사회 지리 정보

독일은 유럽의 심장부에 위치하며 9개 국가와 국경이 맞닿아 있어 유럽에서 가장 이웃 국가가 많은 나라입니다. 독일은 북쪽으로는 발트해와 북해와 맞닿아 있고, 남쪽으로는 알프스 산맥과 연결됩니다.

독일은 면적이 357,340 평방킬로미터로 프랑스, 스페인, 스웨덴에 이어 유럽연합에서 네 번째로 넓은 나라입니다. 국토의 1/3은 숲으로 이루어져 있습니다. 호수와 강이 국토의 2% 이상을 차지하는데 그중 가장 긴 강은 라인강으로, 독일 남서쪽에서 독일과 프랑스의 국경 역할을 하며 더 북쪽으로는 본, 쾰른, 그리고 뒤셀도르프를 지납니다.

독일의 기후는 온화한 편입니다. 7월에는 평균기온이 최고 21.8℃, 최저 12.3℃이며 1월에는 평균기온이 최고 2.1℃에서 최저 −2.8℃ 사이입니다.

독일의 수도는 베를린, 국기는 검정 · 빨강 · 금색으로 이루어진 삼색기를 사용합니다. 통화는 2002년 1월 1일부터 유로화를 사용합니다. 인구는 8,267만 명이며 이중 외국인이 1,640만 명으로 전체 인구의 약 20.3%에 해당합니다. 독일의 공식 언어는 독일어로서 이웃국가인 오스트리아, 그리고 스위스의 대부분 지역에서 독일어를 사용하기도 합니다.

Wie heissen Sie?
이름이 무엇입니까?

기본회화

A : **Guten Tag!**
구텐　　　탁

B : **Guten Tag! Wie heissen Sie?**
구텐　　　탁　　뷔　하이쎈　　지

A : **Ich heisse Anke Huber. Und Sie? Wie heissen Sie?**
이히　하이쎄　앙케　　후버　　　운트　지　　뷔　하이쎈　　지

B : **Ich heisse Thomas Bauer. Was machen Sie?**
이히　하이쎄　토마스　　바우어　　봐스　마헨　　지

A : **Ich arbeite hier in Köln. Und Sie?**
이히　아르바이테　히어　인　쾰른　　운트　지

B : **Ich bin Lehrer.**
이히　빈　레러

　　Ich unterrichte Deutsch.
　　이히　운터리히테　　도이취

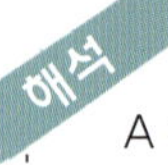

A : 안녕하세요!
B : 안녕하세요! 이름이 무엇입니까?
A : 저는 앙케 후버입니다.
　　당신은요? 이름이 어떻게 되시나요?
B : 저는 토마스 바우어입니다.
　　여기서 무엇을 하십니까?
A : 저는 이곳 쾰른에서 일을 합니다. 당신은요?
B : 저는 선생님입니다.
　　독일어를 가르칩니다.

1. Wie heissen Sie? 이름이 무엇입니까?

heissen 동사는 '~라고 불리우다'라는 뜻으로서 Wie heissen Sie?를 직역하면 "당신은 어떻게 불리우십니까?"가 됩니다. 상대방의 이름을 물을 때 사용되며 "당신의 이름은 무엇입니까?"로 이해하면 됩니다.

2. Ich heisse Minho Kim. 저는 김민호입니다.

Wie heissen Sie?에 대한 대답은 "Ich heisse ○○○."입니다. 한국인의 경우 이름을 먼저 말하고 성은 나중에 말하면 됩니다.

3. Was machen Sie? 당신은 무엇을 하십니까?

Was machen Sie?는 "당신은 무엇을 하십니까?"라는 뜻입니다. 원래 was는 '무엇'이므로 보통은 사물을 물을 때 사용되지만 사람의 직업을 물을 때도 사용됩니다.

4. Ich arbeite hier in Köln. 저는 이곳 쾰른에서 일하고 있습니다.

arbeiten 동사는 '일하다'로서 전체 문장은 "저는 이곳 쾰른에서 일하고 있습니다."라는 뜻입니다. 한정된 공간이나 지명 등 일정구역에서 활동하고 있다면 전치사는 in을 사용합니다.

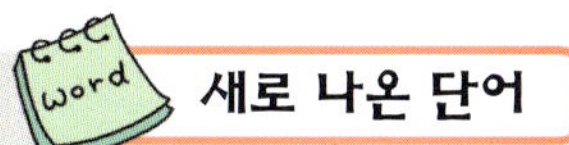

새로 나온 단어

heissen 하이쎈	~라고 불리우다	**Köln** 쾰른	쾰른
was 봐스	무엇을	**Lehrer** 레러	선생님
machen 마헨	하다	**unterrichte** 운터리히테	가르치다
arbeiten 아르바이텐	일하다	⇒ unterrichten의 1인칭 형태	
hier 히어	여기서	**Deutsch** 도이취	독일어
in 인	~에서		

주요표현

Ihr는 '당신의'라는 뜻을 가진 소유대명사이며 Name(이름)를 꾸며줍니다. Wie heissen Sie? 와 같은 뜻입니다.

Wie ist Ihr Name?
뷔 이스트 이어 나메
당신의 이름은 무엇입니까?

Mein Name ist Hanna Park.
마인 나메 이스트 한나 박
제 이름은 박한나입니다.

Wie heisst du?
뷔 하이스트 두
네 이름은 뭐니?

상대의 직업을 물을 때 사용되는 표현으로서 von Beruf를 생략하여 "Was sind Sie?"라고 물을 수도 있습니다.

Was sind Sie von Beruf?
봐스 진트 지 폰 베루프
당신은 직업이 무엇입니까?

Ich bin Student.
이히 빈 슈투덴트
저는 대학생입니다.

studieren은 '공부하다'로서 특히 전공으로 대학 공부할 때 사용됩니다.

Ich studiere Medizin.
이히 슈투디어레 메디친
저는 의학을 공부합니다.

Was macht Frau Huber?
봐스 마흐트 프라우 후버
후버 부인은 무엇을 하십니까?

Sie ist Hausfrau.
지 이스트 하우스프라우
그녀는 가정주부입니다.

Sie arbeitet zu Haus.
지 아르바이텟 쭈 하우스
그녀는 집에서 일하고 있습니다.

sehr는 '아주', '매우'라는 뜻을 가진 부사이며, fleissig는 '부지런한'이란 뜻을 가진 형용사입니다.

Sie ist sehr fleissig.
지 이스트 제어 플라이씨히
그녀는 매우 부지런합니다.

제3자에 대한 직업을 물을 때 사용되는 표현으로서, 동사는 sein 동사의 3인칭 단수 형태인 ist를 사용합니다. 여기서는 마이어씨(Herr Meier)가 주어입니다.

Was ist Herr Meier von Beruf?
봐스 이스트 헤어 마이어 폰 베루프

마이어씨는 직업이 무엇입니까?

Er ist Arzt.
에어 이스트 아르쯔트

그는 의사입니다.

Er ist sehr nett.
에어 이스트 제어 넷

그는 매우 친절합니다.

Was machen Sie beruflich?
봐스 마헨 지 베루플리히?

당신은 직업상 무엇을 하십니까?

Wo arbeiten Sie?
보 아르바이텐 지

어디에서 일하시나요?

Es freut mich, Sie kennenzulernen.
에스 프로잇 미히 지 켄넨쭈레어넨

당신을 만나게 되어 기쁩니다.

주요표현 단어

Ihr 이어	당신의	**zu Haus** 쭈 하우스	집에서
Name 나메	이름	**sehr** 제어	아주, 매우
mein 마인	나의	**fleissig** 플라이씨히	부지런한
heisst 하이스트	~라고 불리우다	**Arzt** 아르쯔트	의사
⇒ heissen의 2인칭, 3인칭 형태		**nett** 넷	친절한
von 폰	~의, ~로부터	**beruflich** 베루플리히	직업적으로
Beruf 베루프	직업	**wo** 보	어디에서
Student 슈투덴트	대학생	**freut** 프로잇	기뻐하다
studiere 슈투디어레	대학 공부하다	⇒ freuen의 3인칭 형태	
⇒ studieren의 1인칭 형태		**kennenzulernen** 케넨쭈레어넨	알게 되다
Medizin 메디진	의학	⇒ kennenlernen(알게 되다)의 zu 부정법 형태	
Hausfrau 하우스푸라우	가정주부		

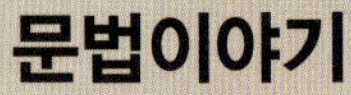

heissen 동사의 현재인칭변화

동사의 어간이 -s, -ß, -z, -tz, -x와 같은 치음으로 끝난 경우, 단수 2인칭 du에서 -st를 붙일 때 s음이 중복되므로 s를 하나 생략합니다. 이와 같은 규칙을 따르는 동사는 heißen(~라고 하다), reisen(여행하다), tanzen(춤추다) 등이 있습니다.

	heissen	**reisen**	**tanzen**
ich	heiße	reise	tanze
du	heiß**t**	reis**t**	tanz**t**
er / sie / es	heißt	reist	tanzt
wir	heißen	reisen	tanzen
ihr	heißt	reist	tanzt
sie / Sie	heißen	reisen	tanzen

● arbeiten 동사의 현재인칭변화

동사의 어간이 -t, -d, -chn, -ckn, -fn, -gn, -dm, -tm으로 끝나는 동사는 2인칭과 3인칭 단수와 복수 2인칭에서 발음상의 이유로 다음과 같이 -e를 첨가합니다.

	arbeiten	**unterrichten**	**reden**
ich	arbeite	unterrichte	rede
du	arbeit**est**	unterricht**est**	red**est**
er / sie / es	arbeit**et**	unterricht**et**	red**et**
wir	arbeiten	unterrichten	reden
ihr	arbeit**et**	unterricht**et**	red**et**
sie / Sie	arbeiten	unterrichten	reden

***reden** [레덴] 말하다

note

존칭 Sie에 대한 동사의 현재인칭 변화 어미는 -en 입니다.

1. 다음 알맞은 동사의 형태를 써 넣으시오

> Wie ______________ Sie ?

① heisse　　　　② heisst
③ heissen　　　　④ heisset

2. 다음 동사의 올바른 형태를 고르시오.

> A: Was machen Sie?
> B: Ich ______________ hier in Köln.

① arbeite　　　　② arbeitet
③ arbeiten　　　　④ arbeitest

주어가 ich일 때 동사의 현재인칭 변화형은 -e입니다.

3. 다음 문장에서 맞는 표현을 고르시오.

① Was heissen Sie?
② Ich sind Lehrer.
③ Ich unterrichtet Deutsch.
④ Ich heisse Jan Müller.

주어의 인칭을 확인하고 그에 맞는 동사의 인칭변화 형태를 찾아내야 합니다.

4. 다음 직업을 나타내는 명사를 독일어로 쓰시오.

1) 대학생　　　　2) 의사
3) 선생님　　　　4) 가정주부

정답

1. ③　　2. ①　　3. ④　　4. 1) Student　2) Arzt　3) Lehrer　4) Hausfrau

동물(Tier) 관련 단어

Hund 개
훈트

Katze 고양이
캇쩨

Schwein 돼지
슈바인

Pferd 말
페르트

Affe 원숭이
아페

Löwe 사자
뢰베

Tiger 호랑이
티거

Bär 곰
베어

Tier 티어	동물	**Wolf** 볼프	늑대
Kuh 쿠	암소	**Giraffe** 기라페	기린
Ochse 옥쎄	숫소, 황소	**Elefant** 엘레판트	코끼리
Esel 에젤	당나귀	**Kamel** 카멜	낙타
Schaf 샤프	양	**Fuchs** 푹스	여우
Ziege 찌게	염소	**Schmetterling** 슈메털링	나비
Strauss 슈트라우스	타조	**Schlange** 슐랑에	뱀
Adler 아들러	독수리	**Vogel** 포겔	새
Krähe 크레에	까마귀	**Ente** 엔테	오리
Schwan 슈반	백조	**Gans** 간스	거위
Taube 타우베	비둘기	**Huhn** 훈	수탉
Hase 하제	토끼	**Hahn** 한	암탉
Kaninchen 카닌헨	집토끼	**Fisch** 피쉬	물고기
Reh 레	노루	**Walfisch** 발피쉬	고래
Hirsch 히르쉬	사슴	**Hai** 하이	상어

독일의 축제

독일에서는 옥토버페스트(Oktoberfest)를 비롯하여 각종 카니발, 종교 축제, 음악 축제 등 많은 종류의 축제들이 열립니다. 세계 최대 규모의 맥주 축제인 옥토버페스트는 10월에 뮌헨에서 열리는데 주류 관련 축제로는 세계 최대 규모입니다. 이 축제는 1810년 바이에른 왕국 루트비히 왕세자와 작센의 테레제 공주의 결혼을 축하하는 의미로 시작되었다고 합니다. 9월 말부터 14일간 펼쳐지는 이 축제에는 전 세계에서 매년 약 600여만 명의 맥주 애호가가 모이며, 10월 첫 번째 일요일에 끝납니다. 이 기간 중 소비되는 맥주는 약 500만 리터, 닭은 65만 마리, 소시지는 110만 톤이나 된다고 합니다.

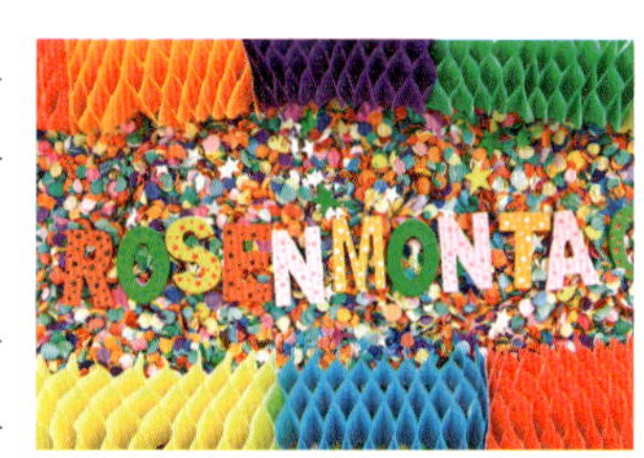

옥토버페스트 이외에 쾰른을 중심으로 펼쳐지는 카니발도 유명합니다. 금식기간인 사순절 이전 6일 동안 즐기는 이 축제는 '장미의 월요일(Rosenmontag)'에 절정을 맞이합니다. 이때에는 6km 이상의 대 퍼레이드가 펼쳐지는데 약 3시간 동안 지속되며 화려한 수레에 140톤의 과자, 인형, 꽃과 70만 종의 초콜릿을 도로에 모인 수만의 인파들에게 뿌립니다. 참가한 사람들은 각종 분장을 하여 볼거리를 제공하기도 합니다.

이 밖에도 종교 축제인 '크리스마스 축제'가 대표적인 축제입니다. 12월 25일 크리스마스가 시작되기 전 4주간은 강림절이라고 하여 독일에서 가장 기쁨이 넘치는 시기가 됩니다. 11월 말부터 전국 대부분의 도시에서 크리스마스 시장이 서며 각종 트리, 초, 과자, 인형, 나무로 만든 장난감, 구운 소시지 등을 파는 수많은 점포에 많은 사람들이 붐빕니다. 뉘른베르크의 크리스마스 시장이 유명합니다.

Was ist das?

이것은 무엇입니까?

기본회화

A : **Was ist das? Ist das ein Bleistift?**
봐스   이스트 다스   이스트 다스 아인   블라이슈티프트

B : **Nein, das ist kein Bleistift.**
나인   다스 이스트 카인   블라이슈티프트

Das ist ein Füller.
다스   이스트 아인 필러

A : **Er ist sehr modern.**
에어 이스트 제어   모데언

Ist das dein Füller?
이스트 다스 다인   필러

B : **Ja, das ist mein Füller.**
야   다스 이스트 마인   필러

Er ist aus Korea.
에어 이스트 아우스 코레아

A : 이것이 뭐야? 이것이 연필이야?
B : 아니, 이것은 연필이 아니야.
　　이것은 만년필이야.
A : 그것 아주 현대적이구나.
　　이것이 네 만년필이야?
B : 응, 이것은 나의 만년필이야.
　　그것은 한국 제품이야.

1. Was ist das? 이것은 무엇이니?

was는 의문사로서 사물을 가리키며 '무엇'을 뜻합니다. das는 지시대명사로서 사람이나 사물을 가리킬 때 쓰입니다. '이 사람' 혹은 '이것'이라고 하면 됩니다.

2. Nein, das ist kein Bleistift. 아니, 이것은 연필이 아니야.

nein은 상대의 물음에 대해 부정하는 말로서 영어의 no처럼 '아니오'라는 뜻을 가집니다. kein은 명사를 부정하는 '부정사'이며 부정관사의 어미를 따릅니다.

3. Er ist sehr modern. 그것은 아주 현대적이구나.

er는 '그는'이라는 뜻의 인칭대명사이지만 사물을 지칭하는 남성명사를 가리키는 대명사로도 사용됩니다. sehr는 '아주', '매우'라는 뜻의 부사로서 보통 형용사를 강조해 줍니다.

4. Ja, das ist mein Füller. 그래, 그것은 나의 만년필이야.

ja는 상대의 물음에 대해 긍정하는 말로서 영어의 yes처럼 '예'라는 뜻을 가집니다. mein은 '나의'라는 뜻의 소유대명사이며 Füller는 남성명사로서 '만년필'입니다.

새로 나온 단어

was 봐스	무엇	**Füller** 퓔러	만년필
das 다스	이것	**sehr** 제어	아주
ein 아인	하나의	**modern** 모데언	현대의
nein 나인	아니오	**dein** 다인	너의
kein 카인	～이 아닌	**mein** 마인	나의
Bleistift 블라이슈티프트	연필		

주요표현

Tip

Uhr는 '시계'라는 뜻의 여성명사이므로 소유대명사 어미는 -e입니다.

Tip

Fahrrad는 중성명사로서 자전거를 뜻합니다. kaputt은 '고장난'이라는 뜻을 가진 형용사입니다.

Tip

alt는 사람을 가리킬 때는 '늙은', 사물을 가리킬 때는 '낡은'이라는 뜻으로 사용됩니다.

Das ist meine Uhr.
다스 이스트 마이네 우어
그것은 나의 시계입니다.

Die Uhr ist sehr schön.
디 우어 이스트 제어 쇤
그 시계는 아주 예쁩니다.

Ist das dein Fahrrad?
이스트 다스 다인 파랏
이것이 너의 자전거니?

Ja, aber mein Fahrrad ist kaputt.
야 아버 마인 파랏   이스트 카풋
맞아, 하지만 내 자전거는 고장났어.

Und es ist sehr alt.
운트 에스 이스트 제어 알트
그리고 그것은 아주 낡은 것이야.

Ist das sein Mantel?
이스트 다스 자인 만텔
이것이 그의 외투입니까?

Nein, das ist nicht sein Mantel.
나인   다스 이스트 니히트 자인 만텔
아니요, 그것은 그의 외투가 아닙니다.

Ist das ihre Tasche?
이스트 다스 이어레 타쉐
이것이 그녀의 가방입니까?

Sie ist neu.
지 이스트 노이
그것은 새것입니다.

Aber sie ist sehr alt.
아버   지 이스트 제어 알트
하지만 그것은 아주 낡았습니다.

Ist das Auto aus Japan?
이스트 다스 아우토 아우스 야판
그 자동차는 일본제입니까?

Nein, es ist aus Korea.
나인　에스 이스트 아우스 코레아
아니요, 그것은 한국제입니다.

Das ist ein Kugelschreiber.
다스 이스트 아인 쿠겔슈라이버
이것은 볼펜입니다.

Er ist sehr lang.
에어 이스트 제어 랑
그것은 아주 깁니다.

Das ist keine Blume.
다스 이스트 카이네 블루메
이것은 꽃이 아닙니다.

Das ist ein Handy von meinem Bruder.
다스　이스트 아인 핸디　폰　마이넴　브루더
이것은 내 동생의 핸드폰입니다.

주요표현 단어

Uhr 우어	시, 시계	**neu** 노이	새로운
schön 쇤	예쁜	**alt** 알트	낡은
dein 다인	너의	**Auto** 아우토	자동차
Fahrrad 파랏	자전거	**Japan** 야판	일본
kaputt 카풋	고장난	**Kugelschreiber** 쿠겔슈라이버	볼펜
sein 자인	그의	**Blume** 블루메	꽃
Mantel 만텔	외투	**Handy** 핸디	핸드폰
Tasche 타쉐	가방	**Bruder** 브루더	(남)동생, 형

부정관사 1격

불특정한 대상을 지칭하고자 할 때는 부정관사를 사용합니다. '어느' 혹은 '하나의'라는 뜻을 가지고 있습니다. 남성명사나 중성명사 앞에서는 ein, 여성명사 앞에서는 eine를 사용합니다.

	남성 (m.)	여성 (f.)	중성 (n.)
1격	ein	eine	ein

Das ist **ein** Bleistift. 그것은 하나의 연필입니다. (Bleistift가 남성명사)

Das ist **eine** Blume. 그것은 하나의 꽃입니다. (Blume가 여성명사)

Das ist **ein** Auto. 그것은 하나의 자동차입니다. (Auto가 중성명사)

● 소유대명사

	단수		복수	
1인칭	ich	**mein**	wir	**unser**
2인칭	du	**dein**	ihr	**euer**
3인칭	er / sie / es	**sein / ihr / sein**	sie / Sie	**ihr / Ihr**

소유대명사는 부정관사와 같은 어미변화를 합니다.

Ist das **dein** Tisch? 이것은 너의 책상이니?

Ja, das ist **mein** Tisch. 그래, 이것은 나의 책상이야.

Ist das **deine** Tasche? 이것은 너의 가방이니?

Ja, das ist **meine** Tasche. 그래, 이것은 나의 가방이야.

ist das **dein** Auto? 이것은 너의 자동차니?

Ja, das ist **mein** Auto. 그래, 이것은 나의 자동차야.

*Tisch [티쉬] 책상

1. 다음 알맞은 부정관사를 써 넣으시오.

1) Das ist _________________ Kugelschreiber.

2) Das ist _________________ Tasche.

3) Das ist _________________ Buch.

note

남성명사나 중성명사 앞의 부정관사는 ein, 여성명사 앞의 부정관사는 eine입니다.

2. 다음 알맞은 소유대명사를 쓰시오.

> **A : Ist das deine Blume?**
>
> **B : Ja, das ist _____________ Blume.**

① mein   ② meine

③ dein   ④ deine

dein(너의)으로 물었을 때는 mein(나의)로 대답해야 자연스럽습니다.

3. 다음 밑줄 친 문장의 해석으로 맞는 것은?

> **Das ist mein Füller.**
>
> **Er ist aus Korea.**

① 그는 한국에서 왔습니다.

② 그것은 한국 제품입니다.

③ 그는 한국으로 갑니다.

④ 그것은 한국에 있습니다.

Er는 Füller를 받는 대명사입니다.

정답

1. 1) ein 2) eine 3) ein   2. ②   3. ②

신체(**Körper**) 관련 단어

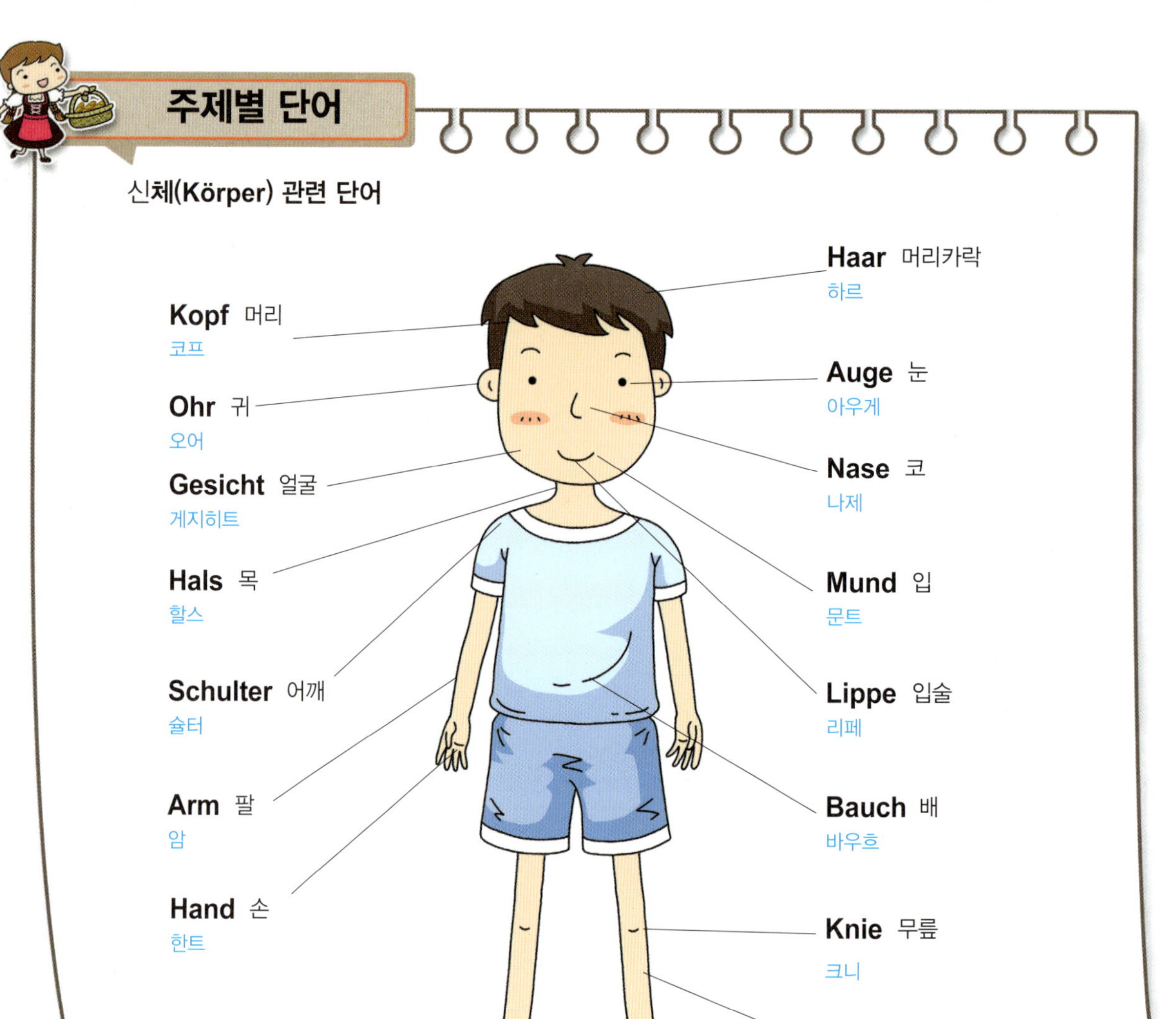

Zunge 쭝에	혀	**Brust** 브루스트	가슴
Stirn 슈티언	이마	**Herz** 헤르츠	심장
Backe 바케	뺨	**Magen** 마겐	위
Kinn 킨	턱	**Darm** 담	장
Bart 바트	수염	**Leber** 레버	간
Zahn 짠	이, 치아	**Lunge** 룽에	폐, 허파
Finger 핑어	손가락	**Zeh** 쩨	발가락
Gesäß 게제쓰	엉덩이	**Knochen** 크노헨	뼈
Braue 브라우에	눈썹	**Haut** 하우트	피부
Rücken 뤼켄	등	**Blut** 블루트	피

독일의 교육제도

주마다 약간의 차이가 있으나 독일의 교육체계는 대체적으로 4단계로 구성됩니다. 1단계는 그룬트슐레(Grundschule, 초등 1-4학년), 2단계는 김나지움(Gymnasium), 레알슐레(Realschule), 하웁트슐레(Hauptschule), 3단계는 김나지움오버슈투페(Gymnasiale Oberstufe), 파흐호흐슐레(Fachhochschule), 베루프슐레(Berufsschule), 4단계는 종합대학(Universität)입니다.

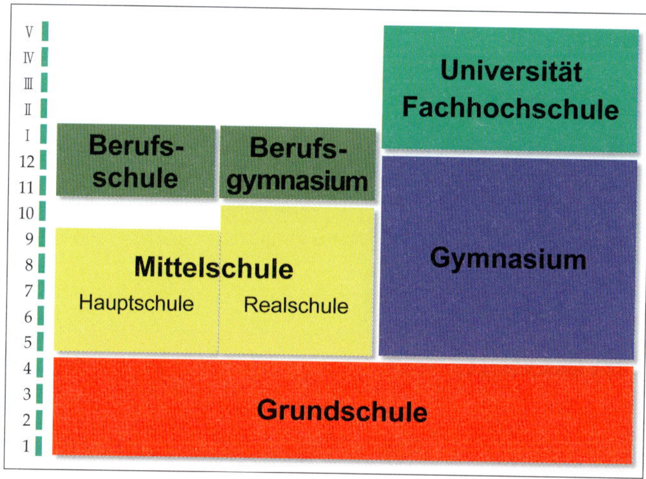

그룬트슐레는 초등학교로서 4년제이며 만 6세가 되면 입학할 수 있습니다. 4학년 때 독일어, 수학 등의 성적을 기준으로 상급학교 진학을 결정합니다. 김나지움을 마치고 대학입학 자격시험인 아비투어(Abitur)에 합격하면 종합대학에 진학할 수 있습니다. 레알슐레는 6년제이며, 졸업 후 대부분 파흐호흐슐레(전문대학)나 베루프슐레(직업학교)에 진학합니다. 하웁트슐레는 6년제이고 주로 기능직 교육을 받습니다. 졸업 후 견습과정을 거쳐 취업을 하게 되는 것입니다.

종합대학은 과거에 인문계 마기스터 과정, 자연계 디플롬 과정이 있었으나 최근 미국식 체계를 도입하여 점차 3-4년제 학사와 2년제 석사 체계로 바뀌고 있습니다. 대학은 평준화되어 있어 아비투어에 합격한 사람이면 자유롭게 지원할 수 있으며 각 대학이 자체 기준에 따라 지원자들을 선별하게 됩니다.

Ich trinke einen Apfelsaft.
저는 사과주스를 마십니다.

기본회화

A : **Guten Tag! Was trinken Sie?**
구텐 탁 봐스 트링켄 지

B : **Ich trinke einen Apfelsaft.**
이히 트링케 아이넨 아펠자프트

A : **Und was essen Sie?**
운트 봐스 에쎈 지

B : **Ich esse eine Pizza.**
이히 에쎄 아이네 핏짜

A : **Und Sie? Was essen Sie?**
운트 지 봐스 에쎈 지

C : **Ich esse gern ein Brötchen.**
이히 에쎄 게언 아인 브뢰첸

A : **Was trinken Sie?**
봐스 트링켄 지

C : **Eine Tasse Kaffee bitte.**
아이네 타쎄 카페 비테

해석

A : 안녕하세요! 무엇을 마시겠습니까?

B : 저는 사과주스를 마시겠습니다.

A : 그리고 당신은 무엇을 드시겠습니까?

B : 저는 피자를 먹겠습니다.

A : 그리고 당신은요? 무엇을 드시겠습니까?

C : 저는 빵 하나를 먹겠습니다.

A : 무엇을 마시겠습니까?

C : 커피 한 잔 부탁드리겠습니다.

1. Was trinken Sie? 당신은 무엇을 마시겠습니까?

was는 의문사로서 사물을 나타내며 여기서는 목적어 '무엇을'로 쓰였습니다. Sie는 존칭대명사입니다. 존칭으로 쓰이는 Sie는 첫 알파벳 S를 항상 대문자로 씁니다. trinken은 '마시다'라는 뜻을 가진 동사입니다.

2. Ich trinke einen Apfelsaft. 저는 사과주스를 마시겠습니다.

trinken은 '~을 마시다'의 뜻을 가진 동사입니다. Apfelsaft는 남성명사이며 남성 4격 부정관사는 einen입니다.

3. Ich esse gern ein Brötchen. 저는 빵을 먹겠습니다.

gern은 '즐겨', '기꺼이'라는 뜻의 부사이며 Brötchen은 중성명사로서 '작은 빵'을 뜻합니다. 중성명사의 부정관사 4격 형태는 ein입니다.

4. Eine Tasse Kaffee bitte. 커피 한 잔 부탁드립니다.

'한 잔의 커피'는 eine Tasse Kaffee로 표현합니다. 그리고 bitte는 영어의 please와 유사한 뜻을 지니며 '제발' 혹은 '부탁드립니다' 등의 의미로 사용됩니다.

새로 나온 단어

trinken 트링켄	~을 마시다	**gern** 게언	즐겨, 기꺼이
einen 아이넨	하나의 ~을	**Brötchen** 브뢰첸	(작은) 빵
⇒ 부정관사 남성 4격		**Tasse** 타쎄	잔
Apfelsaft 아펠자프트	사과주스	**Kaffee** 카페	커피
essen 에쎈	먹다	**bitte** 비테	제발
Pizza 핏짜	피자		

möchten은 '~을 원하다'라는 뜻으로 사용되기도 하고 조동사로서 '~하고 싶다'라는 뜻으로도 사용됩니다. 조동사로 쓰일 때 본동사는 문장 제일 끝에 원형으로 위치합니다.

Was möchten Sie?
봐스 뫼히텐 지
자, 무엇을 원하십니까?

Ich möchte ein Steak bestellen.
이히 뫼히테 아인 스테이크 베슈텔렌
저는 스테이크를 주문하고 싶습니다.

Ich möchte Kartoffeln mit Salat.
이히 뫼히테 카르토펠른 밋 잘랏
저는 샐러드를 곁들인 감자 요리를 원합니다.

Was trinkst du denn?
봐스 트링스트 두 덴
넌 대체 무엇을 마실 거니?

Ich trinke ein Glas Bier.
이히 트링케 아인 글라스 비어
저는 맥주 한 잔을 마시겠습니다.

식사할 때의 인사말로 한국에서의 "많이 드세요.', 혹은 "맛있게 드세요."에 해당하는 표현입니다.

Guten Appetit!
구텐 아페팃
맛있게 드세요.

Wie schmeckt es?
뷔 슈멕트 에스
맛이 어떻습니까?

Es schmeckt gut.
에스 슈멕트 굿
맛이 좋습니다.

Möchten Sie etwas mehr?
뫼히테스트 지 에트봐스 메어
더 원하시는 것이 있습니까?

Ja, gern.
야 게언
예, 기꺼이.

Nein, danke.
거절할 때의 표현입니다. 거절
할 경우 자기의사 표시를 정확
히 하면서 동시에 제안해 준 데
대해서는 감사의 표시를 해주는
것입니다.

Nein, danke. Ich bin satt.
나인 당케   이히 빈 잣

아뇨, 고맙습니다. 저는 배가 부릅니다.

Herr Ober, bitte zahlen.
헤어 오버   비테 찰렌

웨이터, 계산하겠습니다.

Zahlen Sie zusammen?
찰렌   지 쭈잠멘

같이 계산하시겠어요?

Nein, getrennt.
나인   게트렌트

아뇨, 따로따로요.

Möchten Sie einen Nachtisch?
뫼히텐   지 아이넨 나흐테쉬

디저트 하나 하시겠습니까?

Ich möchte ein Schokoladeneis.
이히 뫼히테   아인 쇼콜라덴아이스

저는 초콜릿 아이스크림 하나요.

주요표현 단어

möchten 뫼히텐	원하다		⇒ schmecken의 3인칭 형태	
Steak 스테이크	스테이크	**etwas** 에트바스		무엇인가, 조금
bestellen 베슈텔렌	주문하다	**mehr** 메어		더 많은
Kartoffeln 카르토펠른	감자	**satt** 잣		배부른
mit 밋	함께	**Ober** 오버		웨이터
denn 덴	도대체	**zahlen** 찰렌		계산하다
Glas 글라스	컵	**zusammen** 쭈잠멘		함께
Bier 비어	맥주	**getrennt** 게트렌트		따로
Appetit 아페팃	식욕	**Nachtisch** 나흐티쉬		디저트, 후식
schmeckt 슈멕트	~맛이 나다	**Schokoladeneis** 쇼콜라덴아이스	초콜릿 아이스크림	

부정관사 4격

부정관사 4격은 목적격으로서 기본적으로 '하나의 ~을'이라고 해석합니다. 부정관사 4격을 1격과 비교하면 다음과 같습니다.

	남성 (m.)	여성 (f.)	중성 (n.)
1격	ein	eine	ein
4격	**einen**	**eine**	**ein**

여성과 중성 부정관사는 1격과 4격 형태가 동일하지만 남성 부정관사는 1격과 4격 형태가 다름을 유의하여야 합니다.

Ich möchte **einen** Tisch. 저는 하나의 책상을 원합니다. (Tisch는 남성명사)

● **의문사 was**

was는 사물을 가리킬 때 쓰이며 1격과 4격이 동일합니다. 사람을 가리키는 의문사 wer와 비교한 1격과 4격 형태는 다음과 같습니다.

	wer의 변화	was의 변화
1격	**wer** (누가)	**was** (무엇이)
2격	wessen	wessen
3격	wem	–
4격	**wen** (누구를)	**was** (무엇을)

Was ist das? 이것은 무엇입니까? (was가 1격)

Was trinken Sie? 당신은 무엇을 마시겠습니까? (was가 4격)

1. 다음 알맞은 부정관사를 써 넣으시오.

1) Ich trinke ______________ Apfelsaft.

2) Ich esse gern ______________ Brötchen.

3) Ich möchte ______________ Tasse Kaffee trinken.

2. 다음 알맞은 의문사를 써 넣으시오.

> **A : ______________ essen Sie?**
>
> **B : Ich esse gern einen Salat.**

① wer　　　　② wen

③ was　　　　④ wie

3. 다음 표현의 뜻으로 맞는 것은?

> **Guten Appetit!**

① 식사할 시간입니다!

② 좋은 아침입니다!

③ 안녕히 주무세요!

④ 맛있게 드십시오!

정답

1. 1) einen　2) ein　3) eine　　2. ③　　3. ④

가족/친척(Familie/Verwandte) 관련 단어

Großvater 할아버지
그로스파터

Großmutter 할머니
그로스무터

Vater 아버지
파터

Mutter 어머니
무터

Sohn 아들
존

Tochter 딸
토흐터

Enkel 손자
엥켈

Enkelin 손녀
엥켈린

Mann 만	남자, 남편	**Vetter** 페터	사촌(남)
Frau 프라우	여자, 부인	**Kusine** 쿠지네	사촌
Herr 헤어	~씨, 신사	**Neffe** 네페	조카
Dame 다메	숙녀	**Nichte** 니히테	조카(여)
Junge 융에	소년	**Schwager** 슈바거	처남, 시동생
Mädchen 메첸	소녀	**Schwägerin** 슈베거린	처제, 시누이
Erwachsene 에어박세네	어른, 성인	**Verwandte** 페어반테	친척
Eltern 엘턴	부모님	**Witwer** 비트버	홀아비
Großeltern 그로스엘턴	조부모님	**Witwe** 비트베	과부
Kind 킨트	아이	**Stiefvater** 슈티프파터	계부
Bruder 브루더	형제	**Stiefmutter** 슈티프무터	계모
Schwester 슈베스터	자매	**Schwiegervater** 슈비거파터	시아버지
Geschwister 게슈비스터	형제자매	**Schwiegermutter** 슈비거무터	시어머니
Onkel 옹켈	삼촌	**Schwiegersohn** 슈비거존	사위
Tante 탄테	숙모	**Schwiegertochter** 슈비거토흐터	며느리

독일의 고속도로 아우토반

　독일의 고속도로를 아우토반(Autobahn)이라 합니다. 아우토반은 말 그대로 '자동차의 길', 즉 '자동차 전용 고속도로'를 의미합니다. 한국에는 '무제한 고속도로'로 잘 알려져 있습니다. 아우토반의 최초 건설 계획은 1920년대 바이마르 공화국 때부터라고 하지만 본격적으로 전국을 연결하는 자동차 전용도로망을 갖추기 시작한 것은 히틀러의 나치정권 때부터라 할 수 있습니다.

　아우토반은 제한속도가 없는 것으로 유명합니다. 하지만 실제로 거의 모든 아우토반에는 권장속도 내지는 제한속도가 있습니다. 실제 속도제한이 없는 구간은 전 구간의 20% 정도라고 합니다. 도로의 종류나 지역별로 약간의 차이가 있으나 100~130km의 제한속도가 있습니다. 심지어 아우토반이 도심 구간이라면 제한속도가 50~60km인 곳들도 있습니다.

　속도 무제한 구역이 존재하고 제한속도도 높은 편임에도 불구하고 독일의 고속도로 사고율은 세계적으로 낮은 편입니다. 다른 유럽인들보다도 독일인들은 도로상에서의 준법정신, 양보정신이 뛰어납니다. 추월규칙도 철저히 지키는 편입니다.

[독일의 고속도로 아우토반]

　또한 독일 아우토반의 특징 중 하나는 고속도로 통행료가 없다는 것입니다. 다른 유럽국가들이 통행료를 징수하는 데 반해 독일은 통행료를 받지 않습니다. 요금 정산하는 톨게이트도 당연히 없습니다. 고속도로 이용요금을 징수하지 않고도 충분히 운영 가능한 독일의 국력을 엿볼 수 있습니다.

Wie komme ich dorthin?
그곳까지 어떻게 가나요?

기본회화

A: "Trendmode". Guten Tag!
트렌트모데　구텐　탁

B: Guten Tag! Hier spricht Inge Bauer,
구텐　탁　히어　슈프리히트　잉에　바우어

Achener Platz. Wo ist Ihr Geschäft?
아헤너　플라츠　보　이스트 이어 게쉐프트

A: Goethestrasse siebzehn.
괴테슈트라쎄　집첸

B: Und wie komme ich dorthin?
운트　뷔　콤메　이히　도어트힌

A: Nehmen Sie die U-Bahn, Linie drei!
네멘　지　디　우반　리니에　드라이

B: Danke schön. Auf Wiederhören!
당케　쇤　아우프 비더회렌

A: Bitte schön. Auf Wiederhören!
비테　쇤　아우프 비더회렌

해석

A : "트렌드모데"입니다. 안녕하세요?

B : 안녕하세요! 저는 잉에 바우어입니다.
아헨 광장에 있습니다.
당신의 가게는 어디에 있지요?

A : 괴테거리 17번가입니다.

B : 제가 그쪽으로 어떻게 가지요?

A : 지하철을 타세요. 3번선입니다.

B : 감사합니다. 안녕히 계세요!

A : 천만에요. 안녕히 계세요!

1. Hier spricht Inge Bauer. 저는 잉에 바우어입니다.

전화상의 표현으로서 직역하면 "여기에서 잉에 바우어가 말하고 있습니다."입니다. 부사인 hier가
문장 제일 앞에 위치하여 동사와 주어가 도치된 형태입니다. 동사 sprechen은 '말하다'로서 단수 2
인칭, 3인칭에서 불규칙 변화를 합니다.

2. Wie komme ich dorthin? 그곳으로 어떻게 갑니까?

"내가 그곳으로 어떻게 갑니까?"라는 표현으로서 어느 장소로 이동하는 방법이나 수단을 말할 때
사용됩니다. dorthin은 부사로서 '거기로', '그쪽으로'라는 뜻입니다.

3. Nehmen Sie die U-Bahn. 지하철을 타세요.

존칭 명령형 형태이며 교통수단을 선택할 때는 nehmen 동사를 사용합니다. U-Bahn은 '지하철'을
뜻합니다.

4. Bitte schön. Auf Wiederhören! 천만에요. 안녕히 계세요!

감사의 표현인 Danke schön.(대단히 감사드립니다.)의 대답으로는 Bitte schön.(천만에요.)가 적당
합니다. 전화상으로 헤어지는 인사는 Auf Wiederhören.을 사용합니다.

새로 나온 단어

Trendmode 트렌트모데	옷가게 이름	**siebzehn** 집첸	숫자 17
spricht 슈프리히트	말하다	**dorthin** 도어트힌	그쪽으로
⇒ sprechen 동사의 3인칭 단수 형태		**nehmen** 네멘	잡다, 취하다
Platz 플라츠	광장	**U-Bahn** 우반	지하철
wo 보	어디, 어디에서	**Linie** 리니에	노선, 라인
Geschäft 게쉐프트	상점	**drei** 드라이	숫자 3
Goethestrasse 괴테슈트라쎄	괴테거리	**Wiederhören** 비더회렌	다시 듣기

Apparat은 Telefonapparat, 즉 '전화기'를 뜻하는 말로서 직역하면 "전화기에 누가 있습니까?"입니다. 전화받는 상대가 누구인지를 묻는 표현입니다.

Wer ist am Apparat?
베어 이스트 암 아파랏
(전화상에서) 누구십니까?

Schneider am Apparat.
슈나이더　　　암 아파랏
(전화상에서) 슈나이더입니다.

Kann ich bitte mit Hans sprechen?
칸　　이히 비테 밋　한스　슈프레헨
한스와 통화할 수 있을까요?

Einen Moment, bitte.
아이넨　모멘트　　　비테
잠깐만 기다리세요.

Er ist im Moment nicht da.
에어 이스트 임 모멘트　　니히트 다
그는 지금 없습니다.

Ich werde später nochmal anrufen.
이히 베어데　슈페터　노흐말　　안루펜
나중에 다시 전화할게요.

verbunden은 '연결된'이란 뜻으로서 직역하면 "당신은 거기에 잘못 연결되어 있습니다."입니다. 상대방이 전화를 잘못 걸었을 때 사용되는 표현입니다.

Da sind Sie falsch verbunden.
다 진트 지 팔쉬　페어분덴
당신은 전화를 잘못 거셨습니다.

Sprechen Sie bitte langsamer.
슈프레헨　　지 비테 랑자머
좀 천천히 말씀해 주세요.

Wie ist die Vorwahlnummer von Korea?
뷔 이스트 디 포어발눔머　　　　폰 코레아
한국의 국가번호가 어떻게 됩니까?

Ich rufe dich morgen an.
이히 루페 디히 모르겐　　안
내가 내일 너한테 전화할게.

Ist dort nicht Supermarkt "Aldi"?
이스트 도어트 니히트 수퍼마크트　　　알디
거기 알디 수퍼마켓 아닌가요?

Wie bitte?
뷔　비테
뭐라구요?

Rufen Sie mich an.
루펜　지　미히　안
제게 전화하세요.

Ich möchte nach Korea telefonieren.
이히 뫼히테　나흐　코레아　텔레포니어렌
한국으로 전화하고 싶습니다.

Wollen Sie eine Nachricht hinterlassen?
볼렌　지　아이네 나흐리히트　힌터라쎈
메시지 하나 남기시겠어요?

Ich hinterlasse Ihnen meine Telefonnummer.
이히 힌터라쎄　이넨　마이네　텔레폰눔머
제 연락처를 남겨드리겠습니다.

word power 주요표현 단어

am 암	~에서	**falsch** 팔쉬	잘못된, 틀린
⇒ 전치사 an과 정관사 dem의 축약형		**verbunden** 페어분덴	연결된
Apparat 아파랏	기계, 전화기	**langsamer** 랑자머	더 천천히
kann 칸	~할 수 있다	**Vorwahl** 포어발	지역/국가(번호)
⇒ können 동사의 1인칭, 3인칭 형태		**Nummer** 눔머	번호
sprechen 슈프레헨	말하다	**dich** 디히	너를
im 임	~에서	**morgen** 모르겐	내일
⇒ 전치사 in과 정관사 dem의 축약형		**Supermarkt** 수퍼마크트	슈퍼마켓
später 슈페터	나중에	**telefonieren** 텔레포니어렌	전화하다
nochmal 노흐말	다시, 한번 더	**wollen** 볼렌	~하려고 하다
anrufen 안루펜	전화하다	**Nachricht** 나흐리히트	메시지, 소식
da 다	거기에, 그때	**hinterlassen** 힌터라쎈	남기다

불규칙 동사의 현재인칭변화

규칙 동사와는 달리 불규칙 동사는 단수 2인칭과 3인칭에서 어미가 불규칙적으로 변화합니다. 불규칙 동사인 sprechen(말하다)은 다음과 같이 인칭변화합니다.

	단수		복수	
1인칭	ich	spreche	wir	sprechen
2인칭	du	sprichst	ihr	sprecht
3인칭	er / sie / es	spricht	sie / Sie	sprechen

불규칙 동사는 어미뿐만 아니라 어간까지도 모음이나 자음이 변화하므로 유의해야 하며 그 변화형을 외워야 합니다.

● 분리동사의 용법

'분리전철+기본동사'로 이루어진 복합동사를 분리동사라 합니다. 분리전철은 보통 ab, ein, hin, zurück 등과 같은 부사와 mit, auf, an, aus와 같은 전치사로 이루어져 있습니다. 기본동사는 주어에 맞게 인칭변화하며 분리전철은 문장 맨 뒤에 위치하는 것이 특징입니다.

> ankommen (도착하다) = an (분리전철) + kommen (기본동사, 오다)

Mein Vater **kommt** heute in Köln **an**.
나의 아버지는 오늘 쾰른에 도착한다.

> abfahren (출발하다) = ab (분리전철) + fahren (기본동사, 가다)

Ich **fahre** mit dem Zug von Köln **ab**.
나는 기차를 타고 쾰른에서 출발한다.

이밖에도 anrufen(전화하다), einsteigen(승차하다), aussteigen(하차하다), zurückkommen(되돌아오다), aufstehen(일어나다), mitnehmen(가져오다) 등 많은 분리동사들이 있습니다.

note

sprechen(말하다) 동사의 3인칭 형태는 spricht입니다.

교통수단을 선택할 때는 동사 nehmen을 사용합니다.

감사하다는 표현에 대해 "천만에요!", "괜찮아요!"라는 의미로 사용되는 표현입니다.

분리동사는 본동사와 분리전철을 분리해서 사용해야 합니다.

1. 다음 예문에서 동사의 알맞은 형태를 고르시오.

Hier _______________ Martin Volker.

① sprechen   ② spreche

③ spricht   ④ sprichst

2. 밑줄 친 부분의 동사로 알맞은 것은?

_______________ Sie die U-Bahn.

지하철을 타세요.

① Nehmen   ② Geben

③ Machen   ④ Kommen

3. 다음 밑줄 친 문장의 뜻으로 맞는 것은?

A : Danke schön!

B : Bitte schön!

① 감사합니다!

② 환영합니다!

③ 좋습니다!

④ 천만에요!

4. 분리동사 anrufen(전화하다)를 사용하여 다음 문장을 독일어로 표현하세요.

제게 전화해 주세요!

____

정답

1. ③   2. ①   3. ④   4. Rufen Sie mich an!

직업(Beruf) 관련 단어

Polizist 경찰관
폴리치스트

Spieler 운동선수
슈필러

Arzt 의사
아르쯔트

Maler 화가
말러

Arbeiter 노동자
아르바이터

Friseur 미용사
프리죄어

Bauer 농부
바우어

Koch 요리사
코흐

Apotheker 아포테커	약사	**Lehrer** 레러	교사
Angestellte 안게슈텔테	회사원	**Meister** 마이스터	대가, 장인
Bäcker 베커	제빵사	**Musiker** 무지커	음악가
Beamte 베암테	공무원	**Minister** 미니스터	장관
Chef 쉐프	사장, 상사	**Pilot** 필롯	조종사
Dozent 도첸트	강사	**Politiker** 폴리티커	정치인
Dirigent 디리겐트	지휘자	**Professor** 프로페쏘어	교수
Fahrer 파러	운전사	**Rechtsanwalt** 레히츠안발트	변호사
Hausfrau 하우스프라우	가정주부	**Sänger** 젱어	가수
Ingenieur 인제뉘어	기술자	**Schauspieler** 샤우슈필러	배우
Journalist 저날리스트	기자	**Sekretär** 제크레테어	비서
Kaufmann 카우프만	상인	**Soldat** 졸닷	군인
Kellner 켈너	웨이터	**Verkäufer** 페어코이퍼	판매원
Krankenschwester 크랑켄슈베스터	간호사	**Wirt** 비어트	주인
Künstler 퀸스틀러	예술가	**Wissenschaftler** 비쎈샤프틀러	과학자

독일의 결혼풍습

독일의 결혼식은 전체적으로 3가지의 단계를 거칩니다.

첫째, 독일은 결혼식 전야에 폴터아벤트(Polterabend)라는 파티를 여는데, 이 파티에 참석하는 사람들은 특별히 자신의 집에서 오래된 접시를 몇 개 가져와 신혼부부의 집 앞에 던져 깨뜨립니다. 이렇게 하는 것은 신혼부부에게 행운을 가져온다고 믿는 풍습 때문입니다. 이 일이 끝나면 사람들은 파티장으로 가서 다양한 종류의 음식과 술을 곁들이며 게임이나 춤 같은 여흥을 즐깁니다.

두번째 단계는 혼인청(Standesamt)에서 결혼식을 진행한다는 것입니다. 거주 도시의 혼인청에서 올리는 결혼식은 법적으로 결혼을 공식화하는 단계로서, 신혼부부의 가족들과 친척, 그리고 특별히 이들의 결혼이 합법적으로 이루어졌음을 서명해야 하는 증인 몇 명이 참석한 가운데 식이 진행됩니다. 주례는 결혼 등록소의 공무원이 집전하는 게 보통이며 신랑 신부는 가족, 친지들 앞에서 혼인신고서에 서명합니다.

세번째 단계는 교회에서 진행되는 결혼식입니다. 혼인청에서 결혼식을 마친 그날 오후나 그 다음날인 세째날에 치릅니다. 신랑 신부는 턱시도와 드레스 등 예식의복을 갖추고 아이들은 꽃바구니를 들고 신랑신부가 행진할 때 꽃을 뿌리곤 합니다. 종교인이 집전하는 예식을 마치고 신랑 신부가 교회 문을 나설 때 친구들은 이들에게 행운을 기원합니다. 그리고 신혼부부는 차를 타고 시내를 드라이브 하는데, 길을 지나는 많은 사람들에게 이제 막 결혼했음을 알리기 위해 차 뒤에 깡통을 매달고 요란한 경적음을 내며 도심을 달립니다.

Wie spät ist es jetzt?
지금 몇 시입니까?

기본회화

A : Wie spät ist es jetzt?
뷔 슈펫 이스트 에스 옛츠트

B : Es ist halb zehn.
에스 이스트 할프 첸

A : Wann beginnt die Besprechung?
반 베긴트 디 베슈프레훙

B : Um halb elf.
움 할프 엘프

A : Dann haben wir genug Zeit.
단 하벤 비어 게눅 차이트

B : Ja, wir haben eine Stunde Zeit.
야 비어 하벤 아이네 슈툰데 차이트

A : Was machen Sie nach der Besprechung?
봐스 마헨 지 나흐 데어 베슈프레훙

B : Da gehe ich spazieren.
다 게에 이히 슈파치어렌

A : 지금 몇 시입니까?
B : 9시 30분입니다.
A : 회의가 언제 시작하죠?
B : 10시 30분이요.
A : 그럼 시간은 충분하군요.
B : 예, 아직 한 시간이 남아 있네요.
A : 회의 끝나고 뭐할 거예요?
B : 그때 산책할 것입니다.

1. Wie spät ist es jetzt? 지금 몇 시입니까?

"지금은 몇 시입니까?"라는 뜻으로 영어의 what time is it now?에 해당되는 독일어 표현입니다. es는 시간을 나타내는 비인칭 주어이며 spät은 형용사로 '늦은'이란 뜻입니다.

2. Es ist halb zehn. 9시 반입니다.

상대가 Wie spät ist es jetzt?로 시간을 물을 때는 Es ist ~로 답을 합니다. '9시 반'을 halb zehn이라고 하는데 30분(halb)만 있으면 10시(zehn)가 된다고 이해하면 쉽습니다.

3. Dann haben wir genug Zeit. 그럼 시간은 충분하군요.

dann(그렇다면)과 같은 부사가 문장 맨 앞으로 위치하게 될 경우 주어와 동사는 도치하게 됩니다. haben(가지다) 동사는 타동사이며 Zeit(시간)이 목적어입니다.

4. Da gehe ich spazieren. 그때 산책할 것입니다.

spazierengehen(산책하다)은 분리동사이며 분리전철인 spazieren이 문장 제일 뒤에 위치합니다. da는 시간적 의미(그때)로 사용되기도 하고 장소적 의미(그곳에서)로도 사용됩니다.

새로 나온 단어

spät 슈펫	늦은, 늦게	**um** 움	~주위에, ~에
jetzt 옛츠트	지금	**dann** 단	그럼, 그렇다면
es 에스	그것	**haben** 하벤	가지다
halb 할프	반, 2분의 1	**genug** 게눅	충분히
zehn 첸	숫자 10	**Zeit** 차이트	시간(일반)
wann 반	언제	**Stunde** 슈툰데	시간(시간의 길이)
beginnen 베긴넨	시작하다	**da** 다	그때, 그곳에서
Besprechung 베슈프레흉	회의	**spazierengehen** 슈파치어렝게엔	산책하다

시간을 묻는 표현으로 Wie spät ist es jetzt? 이외에 Wie viel Uhr ist es jetzt?도 사용됩니다.

상대에게 유감을 나타낼 때 쓰는 표현입니다. 본인의 잘못은 아니지만 상대에게 미안하게 되었을 때 주로 사용합니다.

Wie viel Uhr ist es jetzt?
뷔 필 우어 이스트 에스 옛츠트
지금 몇 시입니까?

Es ist Viertel nach drei.
에스 이스트 피어텔 나흐 드라이
3시 15분입니다.

Haben Sie heute Zeit?
하벤 지 호이테 차잇
오늘 시간 있으세요?

Leider habe ich keine Zeit.
라이더 하베 이히 카이네 차잇
유감스럽게도 시간이 없습니다.

Morgen Nachmittag haben Sie Zeit?
모르겐 나흐미탁 하벤 지 차잇
내일 오후에 시간 있으세요?

Nein, es tut mir leid.
나인 에스 투트 미어 라잇
아닙니다, 유감스럽습니다.

Wann kommen Sie an?
반 콤멘 지 안
언제 도착하시나요?

Ich komme um 7 Uhr an.
이히 콤메 움 지벤 우어 안
저는 7시에 도착합니다.

Hast du morgen Vormittag Zeit?
하스트 두 모르겐 포어미탁 차잇
너 내일 오전에 시간 있니?

Es passt mir nicht.
에스 파스트 미어 니히트
그 시간은 나랑 안 맞아.

Wann beginnt die Party?
봔 베긴트 디 파티
파티가 언제 시작됩니까?

Um neun Uhr abends. Geht das?
움 노인 우어 아벤츠 게엣 다스
밤 9시예요. 괜찮습니까?

Das geht mir nicht.
다스 게엣 미어 니히트
안 되겠는데요.

Wie lange dauert die Party?
뷔 랑에 다우어트 디 파티
파티가 얼마나 걸리는데요?

Drei Stunden.
드라이 슈툰덴
세 시간이요.

Um 12 Uhr ist die Party zu Ende.
움 쯔뵐프 우어 이스트 디 파티 쭈 엔데
파티는 12시에 끝납니다.

주요표현 단어

wie viel 뷔 필	얼마나 많은	**passt** 파스트	적합하다, 맞다
Uhr 우어	~시, 시계	⇒ passen의 3인칭 형태	
Viertel 피어텔	15분, 4분의 1	**Party** 파티	파티
nach 나흐	~이 지난, ~후에	**abends** 아벤츠	저녁에
leider 라이더	유감스럽게도	**dauert** 다우어트	걸리다, 지속하다
Nachmittag 나흐미탁	오후	⇒ dauern의 3인칭 형태	
tut 투트	하다	**Stunde** 슈툰데	시간
⇒ tun의 3인칭 형태		⇒ 복수형은 Stunden	
leid 라이트	유감스러운	**zu** 쭈	~으로
ankommen 안콤멘	도착하다	**Ende** 엔데	끝, 종료
Vormittag 포어미탁	오후		

숫자 말하는 법(기수)

독일어 숫자(기수)의 기본 배합 방법은 다음과 같습니다.

1) 13~19까지 : 1단위 + 10 (zehn)　　　→ 14 = vier + zehn = vierzehn

2) 21~99까지 : 1단위 + und + 10단위 (-zig)　→ 72 = zweiundsiebzig

0~9		10~19		20~29		30 부터 10 단위	
0	null	10	zehn	20	zwanzig	30	drei**ß**ig
1	eins	11	elf	21	**ein**undzwanzig	40	vier**zig**
2	zwei	12	zwölf	22	zweiundzwanzig	50	fünf**zig**
3	drei	13	drei**zehn**	23	dreiundzwanzig	60	sech**zig**
4	vier	14	vier**zehn**	24	vierundzwanzig	70	sieb**zig**
5	fünf	15	fünf**zehn**	25	fünfundzwanzig	80	acht**zig**
6	sechs	16	**sechzehn***	26	sechsundzwanzig	90	neun**zig**
7	sieben	17	**siebzehn***	27	siebenundzwanzig	100	hundert
8	acht	18	acht**zehn**	28	achtundzwanzig	101	**hunderteins**
9	neun	19	neun**zehn**	29	neunundzwanzig	111	hundertelf

*주의해야 할 숫자는 16, 17입니다. 각각 sechzehn, siebzehn임을 유의하여야 합니다.

● **시간 읽는 법**

다음은 9시를 기준으로 한 시간 읽는 법입니다.

시간	읽는 법
09:00	Es ist neun.
09:05	Es ist fünf (Minuten) nach neun.*
09:15	Es ist Viertel nach neun.**
09:20	Es ist zehn vor halb zehn
09:30	Es ist halb zehn***
09:40	Es ist zehn nach halb zehn
09:45	Es ist Viertel vor zehn
09:55	Es ist fünf vor zehn.

* '5분 지난 9시'라고 이해하면 됩니다.

** Viertel은 4분의 1이므로 '4분의 1 시간'으로 이해합니다.

*** 9시 30분은 halb zehn, 즉 '30분이 지나면 10시가 됨'을 의미합니다.

1. 다음 시간을 독일어로 표현한 것 중 올바른 것은?

> **Es ist 15:30**

① dreissig fünfzehn   ② halb fünfzehn

③ sechzehn dreissig   ④ halb sechzehn

2. 다음 대화에서 알맞은 표현을 고르시오.

> **A : Wann kommen Sie an?**
>
> **B : Ich komme ________________ an.**

① um 8 Uhr   ② drei Stunden

③ genug Zeit   ④ in Hamburg

3. 다음 시간을 묻는 표현과 같은 뜻의 표현을 고르시오.

> **Wie spät ist es?**

① Wie viel Zeit ist es?

② Wie viele Stunde ist es?

③ Wie viel Uhr ist es?

④ Wann ist es?

4. 시간을 독일어로 표현하세요.

1) 8시 15분   ________________________

2) 11시 45분   ________________________

정답

1. ④   2. ①   3. ③   4. 1) Viertel nach acht   2) Viertel vor zwölf

질병(**Krankheit**) 관련 단어

Kopfschmerzen 두통
코프슈메르쩬

Zahnschmerzen 치통
짠슈메르쩬

Fieber 열
피버

Spritze/Injektion 주사
슈프리쩨/인젝치온

Schwindel 어지러움
슈빈델

Patient 환자
파치엔트

Rückenschmerzen
뤽켄슈메르쩬
요통

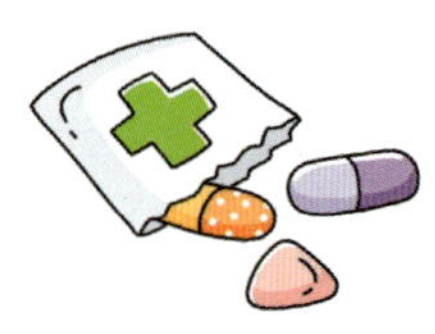

Tablette 알약
타블렛

Kranke 크랑케	환자(남/여)	**Praxis** 프락시스	개인병원
Patientin 파치엔틴	환자(여)	**Krankenschein** 크랑켄샤인	진단서
Husten 후스텐	기침	**Krankenhaus** 크랑켄하우스	종합병원
Magenschmerzen 마겐슈메르쩬	위통	**Behandlung** 베한틀룽	치료, 진찰
Magengeschwür 마겐게슈뷔어	위궤양	**Krebs** 크렙스	암
Erkältung 에어켈퉁	감기	**Durchfall** 두어히팔	설사
Grippe 그리페	독감	**Blasenentzündung** 블라젠엔쮠둥	방광염
Entzündung 엔쮠둥	염증	**Depression** 데프레씨온	우울증
Infektion 인펙치온	감염	**Asthma** 아스트마	천식
Medikament 메디카멘트	약품	**Bauchschmerzen** 바우흐슈메르쩬	복통
Tropfen 트롭펜	물약	**Diabetes** 디아베테스	당뇨
Medizin 메디찐	의학	**Darmkrebs** 담크렙스	대장암
Impfung 임풍	예방접종	**Gehirntumor** 게히른투모어	뇌종양
Arzt 아르쯔트	의사	**Lungenkrebs** 룽엔크렙스	폐암
Wartezimmer 바르테찜머	대기실	**Herzinfarkt** 헤르쯔인팍트	심장마비

그릴(Grill) 문화

　한국에서는 특별한 날, 즉 생일이나 각종 기념일, 입학식, 졸업식 때 외식을 하는 게 일반적이지만 독일에서는 지인들과 친지들을 초대하여 야외, 혹은 집에서 그릴파티(Grillparty)를 하는 것이 일반적입니다. 화창한 날 야외에서 소시지와 육류를 직화불로 구워내 나눠먹으며 담소를 나누는 독일의 그릴파티 문화는 바쁘게 돌아가는 삶 속에서도 여유로움을 느끼게 합니다.

　그릴파티는 보통 따스한 봄과 여름, 초가을에 집 마당이나 야외의 뜰에서 이루어지는데 먼저 그릴기구와 목탄을 준비해야 하고 각종 육류와 소시지, 샐러드, 맥주 등 음료로 손님들을 맞이합니다. 요즘은 손님들이 음식 하나씩 준비해서 모두 함께 즐기기도 합니다.

　그릴파티의 제일 중요한 요소는 날씨입니다. 날씨가 좋지 않을 때는 야외의 그릴파티가 취소되기도 하며, 혹은 집 밖에서 고기를 굽고 안에서 먹기도 합니다. 보통은 잔디마당이 있는 단독주택이나 야외 공간에서 이뤄지지만 때로는 아파트나 공동주택 발코니에서 이뤄지기도 합니다. 이 경우 그릴 연기가 이웃을 방해하게 되면 곤혹스러운 상황도 발생할 수 있습니다.

　독일은 야외 공원의 일부 공간을 그릴파티를 위한 장소로 개방하기도 합니다. 이 경우에는 미리 신고(Anmeldung)하여 공원 관리 측으로부터 날짜와 시간을 확약받고 그릴파티 공간을 제공받을 수 있습니다.

Wie viel kostet das?
이것은 얼마입니까?

기본회화

A : Ich möchte einen Pullover.
이히   뫼히테   아이넨   풀오버

B : Wie gefällt Ihnen der Pullover hier?
뷔   게펠트   이넨   데어 풀오버   히어

A : Er gefällt mir nicht.
에어 게펠트   미어   니히트

B : Und wie gefällt Ihnen der Pullover dort?
운트   뷔   게펠트   이넨   데어 풀오버   도어트

A : Er gefällt mir gut. Was kostet er?
에어 게펠트   미어   굿   봐스 코스텟   에어

B : Er kostet 15,50 Euro.
에어 코스텟   퓐프첸 오이로 퓐프찌히

A : Und wie viel kostet das?
운트   뷔   필   코스텟   다스

B : Diese Bluse? Sie kostet 11,30 Euro.
디제   불루제   지   코스텟   엘프 오이로 드라이씨히

A : 스웨터를 사고 싶은데요.
B : 여기 이 스웨터가 마음에 드는지요?
A : 그것은 마음에 들지 않습니다.
B : 그럼 저쪽에 있는 스웨터는 마음에 드세요?
A : 그것은 마음에 드네요. 얼마입니까?
B : 그것은 15유로 50센트입니다.
A : 그럼 이것은 얼마죠?
B : 이 블라우스요? 그것은 11유로 30센트입니다.

기본회화해설

1. Wie gefällt Ihnen der Pullover hier? 여기 이 스웨터가 마음에 드십니까?

Wie gefällt es Ihnen?이란 표현은 "그것이 당신에게 얼마나 마음에 드십니까?"라는 뜻을 가지고 있으며 es 대신 명사를 쓴다면 대명사인 Ihnen 뒤에 명사가 위치합니다.

2. Er gefällt mir gut. 그것은 나에게 마음에 듭니다.

동사 gefallen은 '~에게 마음에 들다'라는 뜻으로 3격을 목적어로 합니다. 3인칭 형태가 gefällt입니다. er는 남성명사를 받을 수 있는 대명사이며 mir는 ich의 3격 형태로서 '나에게'란 의미입니다.

3. Und wie viel kostet das? 그럼 이것은 얼마입니까?

Wie viel kostet das?는 가격을 물을 때 사용하는 표현으로 "이거 얼마예요?"라는 뜻입니다. 같은 뜻으로 Was kostet das?가 있습니다.

4. Sie kostet 11,30 Euro. 그것은 11유로 30센트입니다.

여성명사를 받는 대명사는 sie입니다. 독일에서 가격을 읽는 방법은, 유로가 있을 때는 센트 단위에서는 센트라는 말을 빼고 읽습니다. 즉 11,30 Euro는 elf Euro dreissig라고 읽습니다.

새로 나온 단어

möchte 뫼히테	원하다	⇒ kosten의 3인칭 형태
Pullover 풀오버	스웨터	**Euro** 오이로 — 유로, 유럽 화폐단위
gefällt 게펠트	~에게 마음에 들다	**diese** 디제 — 이, 이것
⇒ gefallen의 3인칭 형태		**Bluse** 블루제 — 블라우스
kostet 코스텟	~비용이 들다	

Tip

"그 양복이 얼마입니까?"라는 뜻으로 Anzug이 남성명사이기 때문에 대답할 때는 남성 대명사인 er로 받을 수 있습니다. 여성명사일 경우에는 sie, 중성명사일 경우에는 es로 받는 것이 일반적입니다.

Tip

유로화를 독일어로 읽을 때는 유로단위를 먼저 읽어 주고 센트단위는 숫자만 읽어줍니다. 콤마 왼쪽이 유로단위이며 오른쪽은 센트단위입니다. 100센트가 1유로입니다

Wie viel kostet der Anzug?
뷔 필 코스텟 데어 안쭉
그 양복은 얼마입니까?

Er kostet 25,00 Euro.
에어 코스텟 퓐프운트쯔반찌히 오이로
그것은 25유로입니다.

Was kostet die Hose?
봐스 코스텟 디 호제
그 바지는 얼마입니까?

Sie kostet 29,00 Euro.
지 코스텟 노인운트쯔반찌히 오이로
그것은 29유로입니다.

Was kostet das Hemd?
봐스 코스텟 다스 헴트
그 셔츠는 얼마입니까?

Es kostet 12,50 Euro.
에스 코스텟 쯔뵐프 오이로 퓐프찌히
그것은 12유로 50센트입니다.

Wie finden Sie diese Jacke?
뷔 핀덴 지 디제 야케
이 재킷은 어떠세요?

Sehr schön. Wie viel kostet das?
제어 쉔 뷔 필 코스텟 다스
아주 좋습니다. 얼마예요?

Das kostet 100 Euro.
다스 코스텟 훈더트 오이로
그것은 100유로입니다.

Das ist zu teuer.
다스 이스트 쭈 토이어
그것은 너무 비쌉니다.

Wie finden Sie diese Jacke hier?

뷔 핀덴 지 디제 야케 히어

여기 이 재킷은 어떻습니까?

Ich finde sie sehr schön.

이히 핀데 지 제어 쉔

나는 그것을 아주 괜찮다고 생각합니다.

Die ist billig, nur 60 Euro.

디 이스트 빌리히 누어 제히찌히 오이로

그것은 쌉니다. 단지 60유로입니다.

Ich nehme sie.

이히 네메 지

그것을 사겠습니다.

Sie ist sehr preiswert.

지 이스트 제어 프라이스베어트

그것은 아주 저렴합니다.

Es gefällt mir sehr gut.

에스 게펠트 미어 제어 굿

그것은 내 마음에 쏙 듭니다.

주요표현 단어

Anzug 안쭉	양복, 정장	**zu** 쭈	아주
Hose 호제	바지	**teuer** 토이어	비싼
Hemd 헴트	셔츠, 속옷	**billig** 빌리히	싼
finden 핀덴	생각하다, 찾다	**nur** 누어	단지, 오직
Jacke 야케	재킷	**preiswert** 프라이스베어트	저렴한

명사의 성

독일어의 모든 명사는 각기 고유한 성을 가지고 있으며 첫 알파벳을 반드시 대문자로 써야 하는 특징도 가지고 있습니다. 명사의 성은 남성과 여성, 그리고 중성으로 나뉘고, 성에 따라서 관사도 달리합니다. 일반적으로 명사 앞에 관사가 위치합니다.

der Baum = der (관사) + Baum (명사) = 뜻 : 나무

	특징
독일어의 명사	1) 명사는 고유한 성을 가지고 있다. 2) 명사의 첫 알파벳을 대문자로 표기한다. 3) 명사의 성은 남성과 여성, 중성으로 나뉘며 관사 der, die, das로 구분한다.

기본적으로 중요한 명사들은 그 뜻과 더불어 성을 외워야 합니다.

● 정관사의 용법

명사의 성, 수, 격에 따른 독일어 정관사표를 만들자면 다음과 같습니다.

	남성 (m.)	여성 (f.)	중성 (n.)	복수 (pl.)
1격(주격)	der	die	das	die
2격(소유격)	des	der	des	der
3격(여격)	dem	der	dem	den
4격(목적격)	den	die	das	die

명사 앞에 동반되는 관사는 정관사와 부정관사가 있습니다. 정관사는 명사의 성(Genus)과 수(Nummerus) 그리고 격(Kasus)에 따라 다양한 형태를 나타냅니다. 1격은 주격이라 하여 문장 내에서 주어의 역할을 하며, 2격은 소유격, 3격은 여격(간접목적어의 역할), 4격은 목적격(직접목적어의 역할)이라 합니다.

1. 다음 대화중 알맞은 대명사를 고르시오.

> **A : Wie gefällt Ihnen der Pullover hier?**
> **B : ___________ gefällt mir nicht.**

① Er   ② Sie   ③ Es   ④ Wir

2. 다음 밑줄 친 가격을 올바로 읽은 것을 고르시오.

> **A : Wie viel kostet das?**
> **B : Das kostet 10,50 €**

① zehn fünfzig Euro
② zehn Euro fünfzig Cent
③ zehn Euro fünfzig
④ zehn fünfzig Euro

3. 다음 표현과 같은 뜻의 다른 표현을 고르시오.

> **Wie viel kostet das?**

① Wie viel Geld ist das?
② Was kostet das?
③ Wie viel Geld haben Sie?
④ Was ist das?

4. 다음 밑 줄 친 단어와 비슷한 말을 고르시오.

> **Das ist zu billig.**

① schön   ② gut
③ teuer   ④ preiswert

정답

1. ①   2. ③   3. ②   4. ④

집/주택(Wohnung/Haus) 관련 단어

Gebäude 건물
게보이데

Appartement 아파트
아파트망

Wohnzimmer 거실
본찜머

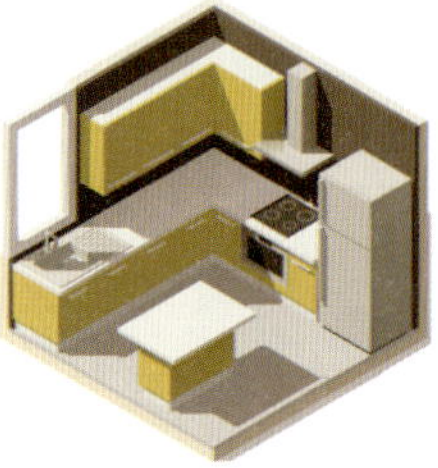

Küche 부엌
퀴헤

Schlafzimmer 침실
쉴라프찜머

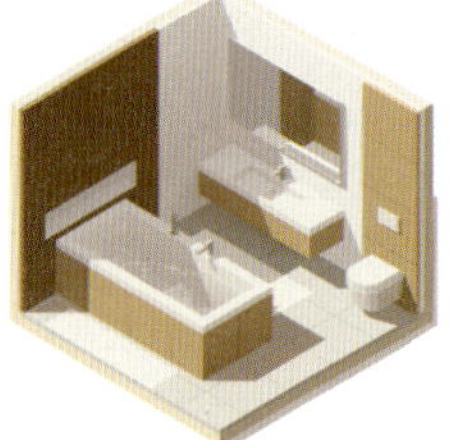

Badezimmer 욕실
바데찜머

Kinderzimmer 아이 방
킨더찜머

Eßzimmer 식당
에쓰찜머

Haus 하우스	집(가옥)	**Fenster** 펜스터	창문
Wohnung 보눙	집(가구)	**Wand** 반트	벽
Mietswohnung 밋보눙	세입가구	**Decke** 덱케	천장
Dach 다흐	지붕	**Fußboden** 푸쓰보덴	마루, 바닥
Schornstein 쇼언슈타인	굴뚝	**Keller** 켈러	지하실
Garten 가르텐	정원	**Boden** 보덴	지면, 바닥
Rasen 라젠	잔디	**Dachboden** 다흐보덴	다락방
Tor 토어	대문, 성문	**Treppe** 트레페	계단
Tür 튜어	문	**Erdgeschoss** 에엇게쇼쓰	1층
Flur 플루어	현관	**Licht** 리시트	빛, 조명
Korridor 코리도어	복도	**Schlüssel** 슐뤼쎌	열쇠
Zimmer 찜머	방	**Heizung** 하이쭝	난방
Raum 라움	방, 공간	**Klingel** 클링엘	초인종
Garderobe 가르데로베	옷장	**Schelle** 쉘레	초인종
Abstellraum 압슈텔라움	창고	**Diele** 딜레	복도

로렐라이(Loreley) 언덕

독일 장크트 고아르스하우젠 근방의 라인강 오른쪽 기슭에 솟아 있는 커다란 바위로 요정의 바위라는 뜻을 가지고 있습니다.

독일 뤼데스하임(Rüdesheim)에서 라인강변을 따라 북쪽으로 30분쯤 가면 만날 수 있는 것이 바로 그 유명한 로렐라이 언덕입니다. 로렐라이가 유명해진 이유는 "라인강의 뱃사람들이 여인의 아름다운 노랫소리에 도취되어 넋을 잃고 그녀의 모습을 바라보고 있는 동안에 배가 물결에 휩쓸려서 암초에 부딪쳐 난파한다."는 줄거리의 설화 때문입니다. 하이네의 서정시를 질허(Silcher)가 작곡한 가곡 때문에 더욱 유명해졌지요. 우리나라에도 로렐라이 민요가 잘 알려져 있습니다.

이러한 스토리 때문에 지금도 매년 수백만 명이 찾는 세계적인 관광 명소이긴 하지만 독일 로렐라이 언덕을 실제로 가보면 지극히 평범해 많은 관광객들을 실망에 빠뜨리기도 합니다. 혹자들은 로렐라이 언덕을 벨기에의 오줌싸개 동상, 덴마크의 인어공주 동상과 함께 유럽의 3대 허무관광지라 하기도 합니다.

로렐라이 언덕을 가는 코스는 프랑크푸르트에서 직접 열차를 타고 가는 방법과 뤼데스하임에서 라인강 유람선을 타고 가는 방법이 있습니다. 직접 언덕에 올라가는 코스도 있으나 실망할 수 있으므로 로렐라이 언덕의 외관을 구경하는 것으로만 만족하길……

Herzlichen Glückwunsch zum Geburtstag! 생일 축하해!

기본회화

A : Herzlich willkommen!
헤어츨리히　빌콤멘

B : Anna, herzlichen Glückwunsch zum Geburtstag!
안나　헤어츨리히　글뤽분쉬　쭘　게부어츠탁

Hier ist ein Geschenk für dich.
히어　이스트 아인　게쉥크　퓨어 디히

A : Danke für das Geschenk.
당케　퓨어 다스　게쉥크

B : Das ist eine Puppe für dich.
다스　이스트 아이네 푸페　퓨어　디히

Wie findest du sie?
뷔　펜데스트　두　지

A : Oh, sie gefällt mir gut.
오　지　게펠트　미어　굿

B : Freut mich.
프로이트　미히

해석

A : 어서 와!
B : 안나야, 생일 축하해.
　　여기 너에게 줄 선물이야.
A : 선물 고마워.
B : 이건 너를 위한 인형이야.
　　그거 어떻게 생각하니?
A : 아, 그거 내 마음에 쏙 들어.
B : 나도 기뻐.

1. Herzlich willkommen! 환영합니다!

환영할 때의 인사말로 willkommen은 동사가 아니고 형용사입니다. 친구들 사이에선 "어서 와. 반갑다."에 해당하는 뜻입니다.

2. Anna, herzlichen Glückwunsch zum Geburtstag! 안나야, 생일 축하해!

herzlichen Glückwunsch zum Geburtstag라는 표현은 직역하면 "생일을 맞이하여 진심으로 행운의 소망을!"이 되며, 생일을 맞은 사람에게 하는 일상적 축하말인 "생일 축하합니다!"라는 표현으로 사용됩니다.

3. Danke für das Geschenk. 선물 고마워.

고맙다는 표현인 danke에 전치사 für를 붙이면 '~에 대해 감사하다'라는 뜻이 됩니다. Geschenk는 '선물'이라는 뜻의 중성명사입니다.

4. Freut mich. 나도 기뻐.

freuen 동사는 '~를 기쁘게 하다'는 의미로서 Freut mich.는 Es freut mich.의 준말입니다. "그것이 나를 기쁘게 한다.", 즉 "(선물이 마음에 들어) 나도 기쁘다."라는 뜻이 됩니다.

새로 나온 단어

herzlich 헤어츨리히	진심의, 진심으로	**dich** 디히 — 너를
willkommen 빌콤멘	환영하는	**Puppe** 푸페 — 인형
Glückwunsch 글뤽분쉬	행운의 소망	**findest** 핀데스트 — 찾다, 생각하다
zum 쭘	~를 위해	⇒ finden의 2인칭 형태
⇒ 전치사 zu와 정관사 dem의 결합형		**freut** 프로이트 — 기쁘게 하다
Geburtstag 게부어츠탁	생일	⇒ freuen 동사의 3인칭 형태
Geschenk 게쉥크	선물	**mich** 미히 — 나를
für 퓨어	~를 위하여	

주요표현

"안나가 오늘 생일을 맞았다", "안나가 오늘 생일이다." 라는 뜻입니다. 같은 뜻의 다른 표현으로 "Heute ist Annas Geburtstag."이라고 할 수도 있습니다.

Anna hat heute Geburtstag.
안나　핫　호이테　게부어츠탁
안나는 오늘 생일을 맞았다.

Ich gratuliere Ihnen zum Geburtstag.
이히 그라툴리어레 이넨　쭘　게부어츠탁
당신의 생일을 축하합니다.

Was schenke ich Hans?
바스　쉥케　이히 한스
한스에게 무엇을 선물할까?

Schenk ihm doch eine Mütze.
쉥크　임 도흐　아이네 뮛쩨
그에게 모자 하나를 선물해.

Das ist eine Mütze für dich.
다스 이스트 아이네 뮛쩨　퓨어 디히
이것은 너를 위한 모자야.

Meine Mutter hat morgen Geburtstag.
마이네　무터　핫　모르겐　게부어츠탁
내 어머니가 내일 생신이야.

Schenk ihr doch eine Sonnenbrille.
쉥크　이어 도흐　아이네 존넨브릴레
그녀에게 선글라스를 선물하렴.

"그거 좋은 생각이야."라는 뜻으로 영어의 That is a good idea.에 해당하는 표현입니다.

Das ist eine gute Idee.
다스 이스트 아이네 구테　이데
그거 좋은 생각이야.

Ich bringe dir etwas mit.
이히 브링에　디어 에트바스 밋
내가 너에게 뭔가를 전해 줄게.

Gefallen dir diese Schuhe?
게팔렌　디어 디제　슈에
이 신발이 네 마음에 드니?

Diese Schuhe gefallen mir gut.
디제 슈에 게팔렌 미어 굿

이 신발은 내 마음에 듭니다.

Kauf ihr doch eine Tasche!
카우프 이어 도흐 아이네 타쉐

그녀에게 가방을 사줘!

Wann hast du Geburtstag?
봔 하스트 두 게부어츠탁

너 생일이 언제니?

Mein Geburtsdatum ist der 28. August.
마인 게부어츠다툼 이스트 데어 아흐트운트쯔반찌히스테 아우구스트

내 생일은 8월 28일입니다.

Zum Geburtstag viel Glück!
쭘 게부어츠탁 필 글뤽

생일 축하합니다!

Alles Gute zum Geburtstag!
알레스 구테 쭘 게부어츠탁

생일을 맞아 다 잘 되기를!

'생일 축하한다'는 표현이지만 보통 생일 축하 노래를 할 때 사용됩니다.

word power 주요표현 단어

gratuliere 그라툴리어레	축하하다	**Schuhe** 슈에	신발, 구두
⇒ gratulieren의 1인칭 형태		⇒ Schuh의 복수형	
schenken 쉥켄	선물하다	**Tasche** 타쉐	가방
Mütze 뮛쩨	모자	**Geburtsdatum** 게부어츠다툼	생일날짜
Sonnenbrille 존넨브릴레	선글라스	**August** 아우구스트	8월
Idee 이데	생각	**Glück** 글뤽	행운, 행복
etwas 에트봐스	어떤 것	**alles** 알레스	모든 것
gefallen 게팔렌	~에게 마음에 들다	**Gute** 구테	좋은 것

인칭대명사 4격

인칭대명사 1격은 주로 주어로 쓰이지만 4격은 주로 직접 목적어로 쓰입니다. 1격과 비교하여 4격은 다음과 같이 나타낼 수 있습니다.

인칭	격	단수	뜻	복수	뜻
1인칭	1격	ich	나는	wir	우리는
	4격	mich	나를	uns	우리를
2인칭	1격	du	너는	ihr	너희들은
	4격	dich	너를	euch	너희들을
3인칭	1격	er	그는	sie	그들은
		sie	그녀는		
		es	그것은		
	4격	ihn	그를	sie	그들을
		sie	그녀를		
		es	그것을		
존칭	1격	Sie	당신은	Sie	당신들은
	4격	Sie	당신을	Sie	당신들을

인칭대명사 4격은 주로 타동사나 4격전치사의 목적어로 쓰입니다.

Wie findest du **sie**? 너는 그것을 어떻게 생각하니? (타동사 finden의 목적어)

Hier ist ein Geschenk für **dich**. 여기 너를 위한 선물이야. (4격전치사 für의 목적어)

● haben 동사의 현재인칭 변화

'~을 가지다' 라는 뜻을 가진 haben 동사는 다음과 같이 불규칙 변화합니다.

	단수		복수	
1인칭	ich	hab**e**	wir	hab**en**
2인칭	du	**hast**	ihr	hab**t**
3인칭	er / sie / es	**hat**	sie / Sie	hab**en**

연습문제

1. 다음의 뜻으로 적당한 것을 고르시오.

> **Herzlichen Glückwunsch zum Geburtstag!**

① 생일 축하합니다.　　　② 오늘이 당신의 생일이로군요.

③ 생일이 언제입니까?　　④ 생일을 맞아 선물을 드립니다.

2. 다음 대화에서 밑줄친 부분에 알맞은 표현은?

> **A : Hier ist ein Geschenk für dich.**
>
> **B : ＿＿＿＿＿＿＿＿＿＿.**

① Zum Geburtstag viel Glück.

② Das gefällt mir nicht.

③ Danke für das Geschenk.

④ Das ist eine gute Idee.

3. 다음 (　) 안에 알맞은 인칭대명사는?

> **Ich gratuliere (　　) zum Geburtstag.**

① Sie　　　　　　② dich

③ Ihnen　　　　　④ mir

4. 다음 haben 동사의 인칭변화 형태를 쓰시오.

> **Mein Bruder (　　) heute Geburtstag.**

① haben　　　　　② habe

③ hast　　　　　④ hat

정답

1. ①　　　2. ③　　　3. ③　　　4. ④

욕실/부엌(Badezimmer/Küche) 관련 단어

Dusche 샤워
듀쉐

Waschbecken 세면대
봐슈베켄

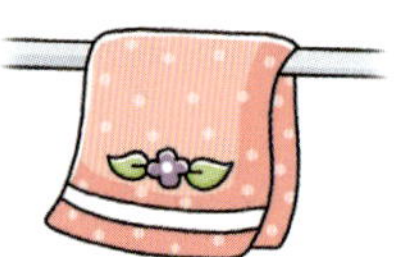

Handtuch 수건
한트투흐

Zahnbürste 칫솔
짠뷰르스테

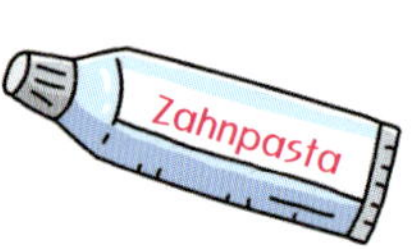

Zahnpasta 치약
짠파스타

Spiegel 거울
슈피겔

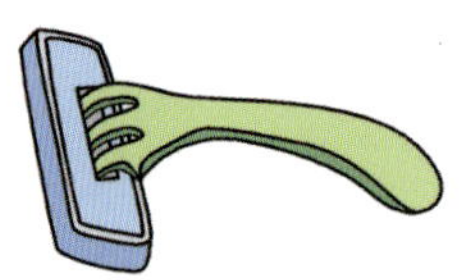

Rasierapparat 면도기
라지어아파라트

Toilettenpapier
토일레텐파피어
화장지

Badezimmer 바데찜머	욕실	**Teekanne** 테칸네	티포트
Seife 자이페	비누	**Topf** 톱프	냄비
Kamm 캄	빗	**Bratpfanne** 브라트판네	프라이팬
Wasserhahn 봐써한	수도꼭지	**Eimer** 아이머	양동이
Badewanne 바데반네	욕조	**Flasche** 플라쉐	병
Toilette/WC 토일레테/베체	화장실	**Waschmaschine** 봐슈마쉬네	세탁기
Messer 메써	칼	**Wäsche** 베쉐	세탁물
Gabel 가벨	포크	**Spülbecken** 슈퓔베케	싱크대
Löffel 뢰펠	숟가락	**Spülmaschine** 슈퓔마쉬네	설거지 기계
Tasse 타쎄	잔	**Kaffeemaschine** 카페마쉬네	커피머신
Ofen/Backofen 오픈/박오픈	오븐	**Gefrierschrank** 게프리어슈랑케	냉동고
Teller 텔러	접시	**Herd** 헤어트	레인지
Glas 글라쓰	컵	**Elektroherd** 엘렉트로헤르트	전기 오븐
Schüssel 슈쎌	사발, 그릇	**Gasherd** 가스헤어트	가스레인지
Kaffeekanne 카페칸네	커피포트	**Kühlschrank** 퀼슈랑크	냉장고

독일 엿보기

남해 독일마을

한국에도 독일 정취를 느낄 수 있는 마을이 있습니다. 2001년 남해군에 조성된 이 마을은 60, 70년대 독일로 파견된 광부, 간호사 등이 고국으로 돌아와 정착한 곳으로 지금은 유명한 관광지가 되었습니다.

독일마을은 남해 삼동면 물건리와 봉화리 일대 부지에 조성되었으며, 독일에서 건축자재를 가져와 빨간 지붕과 하얀 벽돌을 이용하여 전통적인 독일양식으로 주택을 건립하였습니다. '한국 속의 작은 독일'로 특화된 이 마을에는 2014년에 완공된 파독전시관이 있는데 1960년대 고국의 가난을 극복하기 위해 독일로 외화벌이에 나서야 했던 파독광부와 간호사들의 역사를 담은 곳입니다.

독일마을의 절정은 맥주축제라 할 수 있습니다. 독일마을을 찾는 관광객들과 함께 벌이는 이 축제는 2010년 10월 첫 축제를 시작으로 매년 이어져 오고 있습니다. 이는 세계 3대 축제인 독일 뮌헨의 옥토버페스트(Oktoberfest)를 모태로 한 것으로서 한국에서 유일하게 경험 가능한 마을의 브랜드가 되었습니다.

독일마을은 TV 드라마 등 매체를 통해서도 자주 소개되어서, 지금은 민박집, 맥주집, 카페, 먹거리 등이 많이 생겨나 수많은 여행객들의 방문을 재촉하고 있습니다.

Lektion 10

Was fehlt Ihnen?
어디 아프세요?

기본회화

A : **Was fehlt Ihnen?**
바스 펠트 이넨

B : **Ich habe Kopfschmerzen.**
이히 하베 코프슈메르쩬

A : **Machen Sie bitte den Mund auf!**
마헨 지 비테 덴 문트 아우프

Aha, Sie haben eine Erkältung.
아하 지 하벤 아이네 에어켈퉁

B : **Was soll ich machen, Herr Doktor?**
바스 졸 이히 마헨 헤어 독토어

A : **Sie müssen viel Tee trinken.**
지 뮈쎈 필 테 트링켄

B : **Darf ich Eis essen?**
다르프 이히 아이스 에쎈

A : **Nein, Sie dürfen kein Eis essen.**
나인 지 뒤르펜 카인 아이스 에쎈

A : 어디 아프세요?
B : 머리가 아픕니다.
A : 입을 좀 벌려 보세요.
  아, 감기에 걸리셨군요.
B : 그럼 어떻게 해야 하죠, 의사 선생님?
A : 차를 많이 드셔야 합니다.
B : 아이스크림을 먹어도 됩니까?
A : 아뇨, 아이스크림을 드시면 안 됩니다.

1. Was fehlt Ihnen? 어디 아프세요?

Was fehlt Ihnen?은 안색이 안 좋은 상대방에게 어디가 아픈지를 묻는 표현입니다. fehlen 동사는 '~이 부족하다'라는 뜻으로 Was fehlt Ihnen?을 직역하면 "무엇이 당신에게 부족하십니까?"라는 의미가 됩니다.

2. Machen Sie bitte den Mund auf! 입을 좀 벌려 보세요!

존칭 명령형으로서 "입을 좀 벌려 보세요"라는 뜻입니다. aufmachen은 '열다, 벌리다'라는 뜻이며 타동사이기 때문에 4격 목적어(den Mund)가 필요합니다.

3. Sie müssen viel Tee trinken. 차를 많이 드셔야 합니다.

"당신은 차를 많이 마셔야 합니다."라는 뜻으로서 '~해야 한다'라는 표현을 사용하기 위해서는 화법조동사 müssen이 필요합니다. 본동사는 문장 제일 뒤에 위치하며 화법조동사는 주어의 인칭에 따라 어미가 변화합니다.

4. Nein, Sie dürfen kein Eis essen. 아뇨, 당신은 아이스크림을 드시면 안 됩니다.

dürfen은 '~해도 좋다'라는 허락을 나타내는 화법조동사입니다. 하지만 여기서는 부정사인 kein과 같이 쓰였으므로 '~해도 좋지 않다', 즉 '~하면 안 된다'라는 뜻의 '금지'를 나타내는 용법으로 사용되었습니다.

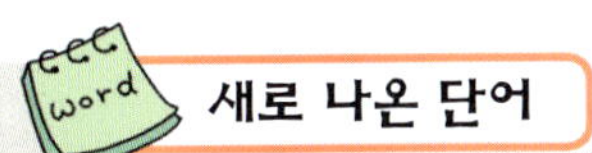 새로 나온 단어

fehlt 펠트	부족하다	⇒ sollen의 단수 1인칭 형태
⇒ fehlen의 3인칭 단수 형태		**müssen** 뮈쎈 ~해야 한다
Kopfschmerzen 코프슈메르쩬	두통	**darf** 다르프 ~해도 좋다
aufmachen 아우프마헨	열다, 벌리다	⇒ dürfen의 단수 1인칭 형태
Erkältung 에어켈퉁	감기	**kein** 카인 ~이 아닌
soll 졸	~해야 한다	**Eis** 아이스 아이스크림

Was fehlt dir denn?
봐스 펠트 디어 덴
어디 아프니?

Mein Kopf tut mir weh.
마인 코프 툿 미어 붸
저는 머리가 아픕니다.

Tip

직역하면 "나의 머리가 나를 아프게 한다."로서 '머리가 아프다'는 뜻입니다. Ich habe Kopfschmerzen.과 같은 뜻이라고 할 수 있습니다.

Ich habe Halsschmerzen.
이히 하베 할스슈메르쩬
저는 목이 아픕니다.

Ich habe Bauchschmerzen.
이히 하베 바우흐슈메르쩬
저는 배가 아픕니다.

Ich habe Zahnschmerzen.
이히 하베 짠슈메르쩬
저는 치통이 있습니다.

Tip

Was fehlt dir?와 같은 뜻으로서 "어디가 아프니?"라고 이해하면 됩니다.

Wo tut es dir weh?
보 툿 에스 디어 붸
어디가 아픈 거니?

Ich habe Fieber.
이히 하베 피버
저는 열이 있습니다.

Ich habe Grippe.
이히 하베 그리페
저는 독감에 걸렸습니다.

Tip

직역하면 "넌 의사에게 가야 한다."이지만 zum Arzt gehen은 '병원에 가다'라는 뜻의 관용적 표현입니다.

Du musst zum Arzt gehen.
두 무스트 쭘 아르쯔트 게엔
넌 병원에 가야 한다.

Du musst sofort nach Haus gehen.
두 무스트 조포어트 나흐 하우스 게엔
넌 즉시 집에 가야 한다.

Du musst drei Tage im Bett bleiben.
두 무스트 드라이 타게 임 벳 블라이벤
넌 3일간 누워 있어야 한다.

Nehmen Sie Tabletten ein.
네멘 지 타블레테텐 아인
약을 복용하세요.

Das müssen Sie jeden Tag dreimal nehmen.
다스 뮈쎈 지 예덴 탁 드라이말 네멘
당신은 그것을 매일 세 번 복용해야 합니다.

Sie dürfen keinen Alkohol trinken.
지 뒤르펜 카이넨 알코홀 트링켄
당신은 술을 마시면 안 됩니다.

Sie dürfen nicht rauchen.
지 뒤르펜 니히트 라우헨
당신은 담배를 피우면 안 됩니다.

Gute Besserung!
구테 베써룽
좋아지길 바란다!

주요표현 단어

Kopf 코프	머리	**nach Haus** 나흐 하우스	집으로
weh 붸	아픈	**Bett** 벳	침대
Halsschmerzen 할스슈메르쩬	인후통	**einnehmen** 아인네멘	복용하다
Bauchschmerzen 바우흐슈메르쩬	복통	**Tabletten** 타블레텐	약
Zahnschmerzen 짠슈메르쩬	치통	⇒ Tablette의 복수형	
Fieber 피버	열	**jeden Tag** 예덴 탁	매일
Grippe 그리페	독감	**dreimal** 드라이말	세 번
musst 무스트	~해야 한다	**Alkohol** 알코홀	술
⇒ müssen의 단수 2인칭 형태		**rauchen** 라우헨	흡연하다
sofort 조포어트	즉시	**Besserung** 베써룽	좋아짐, 회복

문법이야기

화법조동사

화법조동사란 특정한 의미를 가지고 다른 동사를 도와주는 역할을 하는 동사들로서 können, müssen, wollen, sollen, dürfen, mögen이 이에 해당합니다. 이러한 화법조동사의 도움을 받는 본동사는 문장 제일 끝에 위치하는 것이 특징입니다.

화법조동사가 포함된 문장의 공식
주어 + 화법조동사 + ... + 원형동사

다음은 화법조동사의 형태입니다. 도표와 같이 1인칭도 불규칙 변화하는 것이 특징입니다.

<table>
<tr><th colspan="7">화법조동사</th></tr>
<tr><th></th><th>können
할 수 있다</th><th>müssen
해야 한다</th><th>sollen
해야 한다</th><th>wollen
하려고 한다</th><th>dürfen
해도 좋다</th><th>mögen
～을 좋아하다</th></tr>
<tr><td>ich</td><td>kann</td><td>muss</td><td>soll</td><td>will</td><td>darf</td><td>mag</td></tr>
<tr><td>du</td><td>kannst</td><td>musst</td><td>sollst</td><td>willst</td><td>darfst</td><td>magst</td></tr>
<tr><td>er / sie / es</td><td>kann</td><td>muss</td><td>soll</td><td>will</td><td>darf</td><td>mag</td></tr>
<tr><td>wir</td><td>können</td><td>müssen</td><td>sollen</td><td>wollen</td><td>dürfen</td><td>mögen</td></tr>
<tr><td>ihr</td><td>könnt</td><td>müsst</td><td>sollt</td><td>wollt</td><td>dürft</td><td>mögt</td></tr>
<tr><td>sie / Sie</td><td>können</td><td>müssen</td><td>sollen</td><td>wollen</td><td>dürfen</td><td>mögen</td></tr>
</table>

각 화법조동사의 대표적 용법에 대한 예는 다음과 같습니다.

- **können** (능력) : Sie **kann** Klavier spielen. 그녀는 피아노를 칠 수 있다.
- **müssen** (강제적 의무) : Ich **muss** zur Schule gehen. 나는 학교에 가야 한다.
- **sollen** (도덕적 의무) : Die Kinder **sollen** nicht lügen. 아이들은 거짓말하면 안 된다.
- **wollen** (의지) : Er **will** nach Berlin fahren. 그는 베를린으로 가려고 한다.
- **dürfen** (허락) : Man **darf** hier parken. 사람들은 여기에 주차해도 된다.
- **mögen** (기호) : **Magst** du gern Fisch? 생선을 좋아하니?

note

Ich habe Kopfschmerzen
은 '머리가 아프다'는 뜻입
니다.

1. 다음 밑줄친 표현과 같은 뜻을 고르시오.

> A : Was fehlt Ihnen?
>
> B : <u>Ich habe Kopfschmerzen.</u>

① Ich fühle mich nicht gut.

② Mein Kopf tut mir weh.

③ Ich habe Grippe.

④ Ich bin krank.

2. 다음을 독일어로 적절하게 표현한 것은?

> 당신은 담배를 피우면 안 됩니다.

① Sie müssen nicht rauchen.

② Sie dürfen nicht rauchen.

③ Sie können nicht rauchen.

④ Sie wollen nicht rauchen.

dürfen nicht ~는 금지를
나타내는 표현입니다.

3. 다음 (   ) 안의 화법조동사를 이용하여 올바른 형태를 써 넣으시오.

1) Wann (   ) Sie Urlaub machen? (wollen)

2) Du (   ) mir das sofort erklären. (sollen)

3) Man (   ) hier nicht rauchen. (dürfen)

4) Ihr (   ) eure Hausaufgaben sofort machen. (müssen)

5) Meine Frau (   ) Musik. (mögen)

6) Mein Onkel (   ) sein Auto fahren. (können)

화법조동사는 1인칭과 3인
칭의 형태가 같습니다.

정답

1. ②   2. ②   3. 1) wollen   2) sollst   3) darf   4) müsst   5) mag   6) kann

가구(Möbel) 관련 단어

Tisch 책상, 식탁
티슈

Stuhl 의자
슈툴

Bett 침대
벳

Sofa 소파
소파

Esstisch 식탁
에쓰티쉬

Vitrine 유리장식장
비트린

Schrank 옷장
슈랑크

Lampe 램프, 등
람페

Staubsauger 슈타웁자우거	청소기	**Schraube** 슈라우베	수나사
Uhr 우어	시계	**Schraubenzieher** 슈라우벤찌혜	드라이버
Regal 레갈	책장, 선반	**Zange** 짱에	집게, 펜치
Sessel 제쎌	팔걸이 의자	**Säge** 제게	톱
Couch 카우치	카우치	**Feile** 파일레	줄
Teppich 테피히	양탄자	**Bohrer** 보러	드릴
Teppichboden 테피히보덴	양탄자 바닥	**Bohrmaschine** 보어마쉬네	드릴기구
Bücherregal 뷔혀레갈	책장	**Schere** 쉐레	가위
Kommode 코모데	서랍장	**Nadel** 나델	바늘
Schuhschrank 슈우슈랑크	신발장	**Garn** 가른	실
Fernsehen 페른제엔	텔레비전	**Knopf** 크놉프	단추
		Nähmaschine 내에마쉬네	재봉틀

● 도구 · 공구(Werkzeug)

Nagel 나겔	못	**Bügeleisen** 뷔겔아이젠	다리미
Hammer 함머	망치	**Pinsel** 핀젤	붓
Mutter 무터	암나사	**Besen** 베젠	빗자루

브레멘 음악대

브레멘 음악대는 독일의 그림 형제(Brüder Grimm)가 1819년 발간한 ≪어린이와 가정동화≫에 실린 동화입니다. 이 동화에는 네 마리의 동물, 즉 수탉, 고양이, 개 그리고 당나귀가 등장하는데 이 동물들이 모두 늙어서 주인에게 쓸모없어진 나머지 곧 죽을 운명이 되지만 탈출하는데 성공, 우연히 함께 만나서 브레멘 음악대원이 되고자 떠납니다.

이 동화는 고난과 역경을 뚫고 새로운 삶을 살게 된 동물들의 모습을 통해서 어떠한 난관도 극복할 수 있다는 교훈을 던져줌과 동시에 이용가치가 없어 쓸모없게 되어 버린 자들을 저버리는 인간의 냉혹한 모습도 풍자하고 있습니다.

[브레멘 음악대 동상]

독일 도시 브레멘의 음악대는 원래 14세기부터 있었으며 축제 때마다 음악을 연주했다고 합니다. 이것을 그림 형제가 1819년 이야기를 덧붙여 동화집에 실은 것이 유명해진 것이라고 합니다.

지금도 독일 브레멘 도시에는 그림 형제의 동화를 상징하는 네 마리의 동물상들을 시청사와 성모교회 등에서 볼 수 있는데, 당나귀의 앞발을 잡고 소원을 빌면 소원이 이루어진다는 미신 있어서 많은 관광객들이 브레멘 음악대의 동물상을 찾고 있습니다. 사진에서 보듯 많은 관광객들이 제일 아래 당나귀의 앞발을 만지다 보니 이젠 하얗게 변색이 되었습니다.

Ist der Platz hier noch frei?
여기 이 자리 비었나요?

기본회화

A : Ist der Platz hier noch frei?
이스트 데어 플랏츠 히어 노흐 프라이

B : Ja. Bitte nehmen Sie Platz.
야 비테 네멘 지 플랏츠

A : Danke, das ist sehr nett von Ihnen.
당케 다스 이스트 제어 넷 폰 이넨

B : Bitte schön. Machen Sie eine Reise?
비테 쉔 마헨 지 아이네 라이제

A : Ja, ich fahre nach Köln.
야 이히 파레 나흐 쾰른

Dort möchte ich den Dom sehen.
도어트 뫼히테 이히 덴 돔 제엔

B : Prima, er ist sehr alt und berühmt.
프리마 에어 이스트 제어 알트 운트 베륌트

Ich wünsche Ihnen viel Spaß und eine gute Reise.
이히 뷘쉐 이넨 필 슈파스 운트 아이네 구테 라이제

A : Danke, gleichfalls!
당케 글라이히팔스

해석

A : 여기 이 자리 비었나요?
B : 예, 자리에 앉으시지요.
A : 고맙습니다. 아주 친절하시네요.
B : 별말씀을요. 여행하고 계신가요?
A : 예, 저는 쾰른으로 갑니다. 거기서 성당을 보고 싶어요.
B : 좋지요. 그 성당은 오래되었고 유명하지요. 즐겁게 지내고 좋은 여행 되길 바랍니다.
A : 감사합니다. 당신도 그러시길 바랍니다.

1. Ist der Platz hier noch frei? 여기 이 자리 비었나요?

자리가 비어 있는지를 물을 때 사용하는 표현입니다. Ist hier noch frei?라고 물어도 됩니다. 한국식 표현으로 "여기 자리 있어요?"라고 말하는 것과 같습니다.

2. Das ist sehr nett von Ihnen. 아주 친절하십니다.

상대가 호의를 베풀어 주었을 때 하는 인사말입니다. 3격 전치사 von과 인칭대명사 존칭 3격인 Ihnen이 사용되었습니다.

3. Ich wünsche Ihnen viel Spaß und eine gute Reise.

즐겁게 지내시고 좋은 여행 되시길 바랍니다.

Ich wünsche Ihnen ~은 '당신에게 ~을 바란다'란 뜻으로 보통 생략하여 사용하기도 합니다. Ich wünsche Ihnen guten Tag!도 Ich wünsche Ihnen을 생략한 Guten Tag!만을 사용합니다. Ich wünsche Ihnen 다음 위치에 4격 명사가 나오는 것이 일반적입니다.

4. Danke, gleichfalls! 고맙습니다. 당신도 그러시길 바랍니다.

gleichfalls는 '마찬가지로', '똑같이'라는 뜻의 부사로서 상대가 인사말을 할 경우 똑같은 내용으로 인사하고자 할 때 주로 이용되는 표현입니다.

새로 나온 단어

Platz 플랏츠	자리, 광장	**alt** 알트	낡은, 오래된
frei 프라이	빈, 자유로운	**berühmt** 베륌트	유명한
nett 넷	친절한	**wünsche** 뷘쉐	원하다, 바라다
Reise 라이제	여행	⇒ wünschen의 단수 1인칭 형태	
möchte 뫼히테	~하고 싶다	**Spaß** 슈파스	즐거움
⇒ möchten의 단수 1인칭 형태		**gleichfalls** 글라이히팔스	똑같이, 마찬가지
Dom 돔	성당		

주요표현

Ist hier noch frei?
이스트 히어 노흐 프라이
여기 자리 비었나요?

Dieser Platz ist besetzt.
디저 플랏츠 이스트 베젯쯔트
이 자리는 있습니다.

Darf ich hier Platz nehmen?
다르프 이히 히어 플랏츠 네멘
제가 여기 앉아도 됩니까?

Ja, Sie können sich setzen.
야 지 쾨넨 지히 젯쩬
예, 당신은 앉으셔도 됩니다.

Das ist sehr nett von dir.
다스 이스트 제어 넷 폰 디어
너 참 친절하구나.

Bitte sehr!
비테 제어
천만에요!

Nichts zu danken.
니히트 쭈 당켄
별말씀을요.

Gern geschehen.
게언 게쉐엔
제가 좋아서 한 일입니다.

Nicht der Rede wert.
니히트 데어 레데 베어트
별거 아닙니다.

Das war keine Absicht.
다스 봐 카이네 압지히트
일부러 그런 건 아닙니다.

Das macht nichts.
다스 마흐트 니히츠
괜찮습니다.

Kein Problem.
카인 프로블렘
문제되지 않습니다.

Viel Erfolg!
필 에어폴크
성공을 빕니다!

Alles Gute!
알레스 구테
모든 것이 다 잘 되기를 바랍니다!

Viel Glück!
필 글뤽
행운을 빕니다!

Danke, ebenso.
당케 에벤조
고마워요, 당신도 그러길 바래요.

주요표현 단어

dieser 디저	이, 이것	**war** 바	~였다
⇒ 지시대명사 남성 1격 형태		⇒ sein 동사의 과거형	
besetzt 베젯쯔트	점유된, 통화중인	**Absicht** 압지히트	의도
sich setzen 지히 젯쩬	앉다	**nichts** 니히츠	아무것도 아닌 것
geschehen 게쉐엔	발생하다	**Problem** 프로블렘	문제
Rede 레데	말, 연설	**Erfolg** 에어폴크	성공
wert 베어트	가치있는	**ebenso** 에벤조	똑같은

3격 전치사

 3격 전치사, 혹은 3격 지배전치사는 항상 3격 명사를 지배합니다. 독일어 명사는 성질에 따라 고유한 성을 가지고 있으므로 그 성에 따라 3격 관사나 소유대명사 3격 어미를 사용할 수 있습니다. 3격 전치사의 종류는 다음과 같습니다.

3격 전치사	의미	용례
aus	~에서	Ich komme **aus** Korea. 나는 한국에서 왔다. (출신)
zu	~로	Er geht **zum** Bahnhof. 그는 역으로 간다. (방향)
gegenüber	~맞은편에	Die Kirche liegt dem Krankenhaus **gegenüber**. 그 교회는 병원 건너편에 있다. (장소)
von	~로부터	Ich komme gerade **vom** Onkel. 나는 삼촌에게 있다 오는 길이다. (방향)
seit	~전부터	Sie liest das Buch **seit** 3 Tagen. 그녀는 3일 전부터 그 책을 읽고 있다. (시간)
nach	~로, ~후에	Ich fahre **nach** Frankfurt. 나는 프랑크푸르트로 간다. (방향)
mit	~와 함께	Er geht **mit** seiner Mutter ins Kino. 그는 자기 어머니와 극장에 간다. (방법)
bei	~곁에	Ich wohne **bei** meinen Eltern. 나는 부모님 집에서 살고 있다. (장소)

● **3격 전치사와 관사의 축약형**

> **zum** = zu + dem
>
> **vom** = von + dem
>
> **beim** = bei + dem

1. 다음 밑줄 친 곳에 알맞은 3격 전치사를 고르시오.

> **Das ist sehr nett __________ Ihnen.**

① aus   ② von

③ mit   ④ zu

2. 다음 보기에서 대답으로 어울리지 <u>않는</u> 표현을 고르시오.

> **A : Danke schön!**
>
> **B : __________________________**

① Bitte schön!   ② Danke, gleichfalls!

③ Nicht zu danken.   ④ Das macht nichts.

3. 다음 대화에서 밑줄 친 부분의 올바른 뜻을 고르시오.

> **A : Ist hier noch frei?**
>
> **B : Dieser Platz ist besetzt.**

① 이 자리 비었습니다.   ② 이 자리 있습니다.

③ 이 자리에 앉으세요.   ④ 이 자리가 안 좋습니다.

4. 다음 보기의 표현과 뜻이 같은 표현을 고르시오.

> **Danke, gleichfalls!**

① Danke, ebenso!   ② Kein Problem!

③ Danke sehr!   ④ Bitte, schön!

정답

1. ②   2. ④   3. ②   4. ①

note

Das ist sehr nett von Ihnen.은 "참 친절하시군요."라는 뜻입니다.

Das macht nichts.는 누군가 죄송하다는 표현을 할 때 대답으로 어울리는 말로 "괜찮습니다."라는 뜻입니다.

자리가 누군가에 의해 점유된 상태를 besetzt로 표현합니다.

상대가 인사말이나 감사를 표현했을 때 같은 마음을 전하는 표현입니다.

옷, 의류(Kleidung) 관련 단어

Anzug 정장, 양복
안쭉

Jacke 자켓, 점퍼
야케

Hemd 셔츠, 내의
햄트

Kleid 옷, 여성복
클라이트

Mantel 외투
만텔

Rock 치마
록

Pullover 스웨터
풀오버

Pyjama 파자마
피자마

Kleidung 클라이둥	옷, 의복	**Söckchen** 쬑쉔	작은 양말
Hose 호제	바지	**Badeanzung** 바데안쭉	수영복(여자)
Bluse 블루제	블라우스	**Badehose** 바데호제	수영팬티
Regenmantel 레겐만텔	비옷	**Kapuze** 카푸쩨	후드티
Schlafanzug 슐라프안쭉	잠옷	**Krawatte** 크라바테	넥타이
Nachthemd 나흐트햄트	잠옷	**Lederjacke** 레더약케	가죽자켓
Hut 후트	중절모	**Pumps** 펌프스	(여자) 구두
Mütze 뮛쩨	모자	**Windel** 빈델	기저귀
Kopftuch 코프투흐	두건	**Unterhose** 운터호제	팬티
Taschentuch 타쉔투흐	손수건	**Uniform** 우니폼	유니폼
Jeans 진스	청바지	**Shorts** 쑈트	반바지
Pantoffeln 판토펠른	슬리퍼	**Dauenjacke** 다우엔야케	오리털파카
Schuhe 슈에	구두	**Gürtel** 귀어텔	혁대
Sandalen 잔달렌	샌들	**Stiefel** 슈티펠	장화, 부츠
Strümpfe 슈트륌페	양말	**Bürstenhalter(BH)** 뷔어스텐할터	브래지어

독일 최고봉 추크슈피체(Zugspitze)

독일에서 가장 높은 산은 바이에른 지방 남단에 자리잡고 있는 추크슈피체(Zugspitze)입니다. 해발 2962m로 백두산보다도 더 높습니다.

추크슈피체를 가려면 일단 가르미쉬–파텐키르헨(Garmisch–Partenkirchen) 역에 도착하여 그곳에서부터 출발해야 합니다. 역에서 추크슈피체 왕복 산악열차(케이블카 포함)를 구입해서 그곳에서부터 종착역인 추크슈피츠플라트까지 가는데, 중간에 그라이나우–바더제(Grainau–Badersee)서 열차를 톱니바퀴열차(Zahnradbahn)로 갈아타야 합니다. 아니면 아입제(Eibsee) 역에 내려서 케이블카로 갈아타도 됩니다.

보통은 케이블카보다 톱니바퀴열차를 타고 오르는 것을 추천하는데 이유는 산중 터널을 통해 올라가기 때문에 색다른 경험을 할 수 있어서입니다. 날씨가 좋다면 정상에서 훌륭한 경관을 내려다볼 수도 있습니다.

추크슈피체 정상에서 독일과 오스트리아 경계를 지날 수 있다는 것도 흥미로운 경험입니다. 정상에서 오스트리아 티롤주로 통하는 통로가 있으며 오스트리아 쪽으로 내려갈 수도 있습니다. 추크슈피체 정상에서는 맥주도 맛볼 수 있는데, 독일 최정상 맥주집(Biergarten)에서 마시는 맥주도 색다른 맛일 것입니다. 추크슈피체 여행에 관한 한국어 안내를 받으려면 다음 사이트를 참조하시면 됩니다.

http://zugspitze.de/en/sprachen/korean

12

Gehen Sie links um die Ecke!
모퉁이를 돌아 왼쪽으로 가세요.

기본회화

A : Können Sie mir helfen?
쾨넨 지 미어 헬펜

B : Ja, gern.
야 게언

A : Wo ist der Dom?
보 이스트 데어 돔

B : Gehen Sie zuerst die Strasse entlang bis zum Kino.
게엔 지 쭈에어스트 디 슈트라쎄 엔틀랑 비스 쭘 키노

Und dann links um die Ecke.
운트 단 링크스 움 디 엑케

Von dort können Sie den Dom schon sehen.
폰 도어트 쾨넨 지 덴 돔 숀 제엔

A : Vielen Dank für Ihre Auskunft.
필렌 당크 퓨어 이어레 아우스쿤프트

B : Nichts zu danken.
니히트 쭈 당켄

해석

A : 저를 도와주실 수 있습니까?
B : 예, 기꺼이요.
A : 성당이 어디에 있습니까?
B : 우선 길을 따라 극장까지 가세요.
그리고 나서 모퉁이를 돌아 왼쪽으로 가세요.
거기에서는 성당을 볼 수 있을 겁니다.
A : 안내해 주셔서 정말 감사드려요.
B : 천만에요.

1. Können Sie mir helfen? 저를 도와주실 수 있나요?

"저를 도와주실 수 있나요?"라는 뜻으로, 화법조동사 können과 3격 지배 동사인 helfen이 결합된 표현입니다. 지나가는 사람에게 길을 물을 때나 어떠한 것을 요청하고자 할 때 사용합니다.

2. Gehen Sie zuerst die Strasse entlang bis zum Kino.
우선 길을 따라 극장까지 가세요.

문장 구조는 존칭 명령형 형태입니다. entlang은 명사 뒤에서 꾸며주는 4격 지배 전치사입니다. 그리고 bis zu ~는 '~에 이르기까지'라는 뜻을 가지고 있습니다.

3. Und dann links um die Ecke. 그리고 나서 모퉁이를 돌아 왼쪽으로 가세요.

Gehen Sie ~가 생략된 형태입니다. links는 '왼쪽으로'라는 뜻을 가진 부사이며 um die Ecke는 전치사구로서 '모퉁이를 돌아서'라는 뜻입니다. um은 4격 명사를 지배하는 4격 전치사입니다.

4. Vielen Dank für Ihre Auskunft. 안내해 주셔서 정말 감사합니다.

이 표현도 역시 문장 앞에 Ich wünsche Ihnen이 생략된 형태입니다. '~에 대해 정말 감사하다'는 vielen Dank für ~를 사용합니다. für는 4격 전치사이므로 전치사 다음 위치의 명사는 4격 명사가 되어야 합니다. Auskunft가 여성명사이므로 소유대명사 Ihr에 -e라는 여성 4격 어미가 추가되었습니다.

새로 나온 단어

können 쾨넨	~할 수 있다	**Kino** 키노	영화관, 극장
helfen 헬펜	돕다	**dann** 단	그런 다음
zuerst 쭈에어스트	우선, 먼저	**links** 링크스	왼쪽으로
Strasse 슈트라쎄	거리, 길	**um** 움	~를 돌아
entlang 엔틀랑	~를 따라서	**Ecke** 엑케	모퉁이, 구석
bis 비스	~까지	**Auskunft** 아우스쿤프트	안내, 정보

Wo ist das nächste Kaufhaus?
보 이스트 다스 넥스테   카우프하우스
가까운 백화점이 어디에 있습니까?

Gehen Sie geradeaus.
게엔   지 게라데아우스
곧장 가시면 됩니다.

Tip

"무엇을 도와드릴까요?"라는 뜻으로 영어의 "Can I help you?"에 해당합니다. "Was möchten Sie?"로 물을 수도 있습니다.

Was kann ich für Sie tun?
봐스 칸   이히 퓨어 지   툰
무엇을 도와드릴까요?

Ich möchte einen Rasierer kaufen.
이히 뫼히테   아이넨 라지어러   카우펜
저는 면도기를 사고 싶습니다.

Wo ist die Rolltreppe?
보 이스트 디 롤트레페
에스컬레이터가 어디에 있나요?

Wo ist der Aufzug?
보 이스트 데어 아우프쭉
엘리베이터가 어디에 있습니까?

Tip

"왼쪽으로 돌아가세요."라고 이해하면 됩니다. abbiegen은 분리동사로서 '돌아가다'라는 뜻입니다.

Biegen Sie nach links ab.
비겐   지 나흐 링크스 압
왼쪽으로 돌아가세요.

Gehen Sie nach rechts.
게엔   지 나흐 레히츠
오른쪽으로 가세요.

Tip

"무엇을 도와드릴까요?"의 뜻을 가진 관용적 표현입니다.

Was darf es sein?
봐스 다르프 에스 자인
무엇을 도와드릴까요?

Vielen Dank für Ihre Hilfe.
필렌   당크   퓨어 이어레 힐페
당신의 도움에 감사드립니다.

직역하면 "제가 성당을 어디에서 찾습니까?" 그러니까 "성당이 어디에 있습니까?"라는 표현입니다. Wo ist der Dom?과 같은 의미입니다.

Keine Ahnung은 '모르겠다'는 뜻이며 Ich bin fremd hier.는 "나는 이곳이 낯설다." 즉 '익숙한 곳이 아니다'라는 뜻입니다.

Wo finde ich den Dom?
보 핀데 이히 덴 돔

성당이 어디에 있습니까?

Wie komme ich zum Kaufhaus?
뷔 콤메 이히 쭘 카우프하우스

백화점에 가려면 어떻게 해야 하나요?

Fahren Sie geradeaus und dann rechts.
파렌 지 게라데아우스 운트 단 레히츠

쭉 가시다가 오른쪽으로 가세요.

Gehen Sie durch die Unterführung.
게엔 지 두르히 디 운터퓨어룽

지하도로 가십시오.

Keine Ahnung, ich bin fremd hier.
카이네 아눙 이히 빈 프렘트 히어

모르겠습니다. 저도 여기 처음입니다.

Dann nehmen Sie bitte ein Taxi.
단 네멘 지 비테 아인 탁시

그러면 택시를 타세요.

주요표현 단어

nächst 넥스트	가장 가까운, 다음의	**abbiegen** 압비겐	돌아가다, 돌다
⇒ nah(가까운)의 최상급		**rechts** 레히츠	오른쪽으로
Kaufhaus 카우프하우스	백화점	**Hilfe** 힐페	도움, 조력
geradeaus 게라데아우스	곧장	**durch** 두르히	~을 통해
Rasierer 라지어러	면도기	**Unterführung** 운터퓨어룽	지하도
kaufen 카우펜	사다, 구입하다	**Ahnung** 아눙	예감
Rolltreppe 롤트레페	에스컬레이터	**fremd** 프렘트	낯선
Aufzug 아우프쭉	엘레베이터	**Taxi** 탁시	택시

4격 전치사

3격 전치사가 3격 명사를 지배하듯, 4격 전치사 역시 4격 명사를 지배합니다. 4격 전치사의 종류는 다음과 같습니다.

4격 전치사	의미	용례
durch	~을 통해서	Er fährt **durch** die Stadt. 그는 도시를 가로질러 간다. (장소)
entlang	~을 따라서	Meine Mutter geht den Fluss **entlang***. 나의 어머니는 강(변)을 따라 가신다. (장소)
für	~을 위해서	Ich arbeite **für** meine Familie. 나는 가족을 위해서 일을 한다. (목적)
gegen	~에 맞서	Das Auto fuhr **gegen** einen Baum. 그 차는 나무를 향해 갔다. (장소)
bis	~까지	Der Zug fährt nur **bis** Köln. 그 기차는 쾰른까지만 운행한다. (장소)
ohne	~없이	**Ohne** meine Freundin kann ich nicht leben. 내 여자친구 없이 나는 살 수가 없다. (방법)
um	~주변에	Gehen Sie **um** die Ecke! 모퉁이를 돌아가세요. (장소)

*entlang은 주로 명사 뒤에 위치하는 후치사입니다.

● **4격 전치사와 관사의 축약형**

> **durchs** = durch + das
> **fürs** = für + das
> **ums** = um + das

1. 다음 표현 중 나머지 셋과 뜻이 <u>다른</u> 하나를 고르시오.

① Was kann ich für Sie tun?

② Was darf es sein?

③ Kann ich Ihnen helfen?

④ Können Sie mir helfen?

2. 다음 표현 중 밑줄에 맞는 단어로 알맞게 짝지어진 것을 고르시오.

> 모퉁이를 돌아 오른쪽으로 가세요.
>
> **Gehen Sie _________ _________ die Ecke!**

① links — um　　　　② links — zu

③ rechts — zu　　　 ④ rechts — um

3. 다음 빈 칸에 맞는 4격 전치사로 어울리는 것을 고르시오.

> **Vielen Dank __________ Ihre Einladung!**

① für　　　　② um

③ durch　　 ④ ohne

4. 다음 보기의 문장을 올바로 해석한 것은?

> **Ich bin fremd hier.**

① 저는 여기에 있습니다.　　② 저는 여기 잘 모르겠습니다.

③ 저는 여기 잘 압니다.　　 ④ 저는 여기에서 살아요.

note

"Können Sie mir helfen?" 은 "저를 도와주실 수 있나요?"라는 뜻입니다.

오른쪽은 rechts, 왼쪽은 links이며 '모퉁이를 돌아' 는 전치사 um을 사용합니다.

감사의 대상 앞에는 4격 전치사 für를 사용합니다.

Ich bin fremd hier.는 "저는 이곳이 낯설다."란 뜻으로 결국 이곳을 잘 모른다는 의미입니다.

음식(Essen) 관련 단어

lecker 맛있는
렉커

scharf 매운
샤프

Schweinefleisch
슈바이네플라이쉬
돼지고기

Hühnerfleisch 닭고기
휘너플라이쉬

Brot/Brötchen
브로트/브뢰첸
빵/작은 빵

Nudel 국수
누델

Pilz 버섯
필쯔

Tomatensauce 케첩
토마텐소세

Frühstück 프뤼슈틱	아침 식사	**Suppe** 주페	스프, 국
Mittagessen 밋탁에쎈	점심 식사	**Fleisch** 플라이쉬	고기
Abendessen 아벤트에쎈	저녁 식사	**Wurst** 부어스트	소시지
Getränk 게트렝크	음료	**Fisch** 피쉬	생선
Milch 밀히	우유	**Kuchen** 쿠헨	과자, 케이크
Butter 부터	버터	**Nachtisch** 나흐티쉬	디저트
Käse 케제	치즈	**bitter** 비터	쓴
Sahne 자네	크림	**süß** 쥐쓰	단
Marmelade 마멜라데	잼	**salzig** 잘찌히	짠
Honig 호니히	꿀	**sauer** 자우어	신
Zucker 쭈커	설탕	**Reis** 라이쓰	쌀
Salz 잘쯔	소금	**Ei** 아이	계란
Essig 에씨히	식초	**Gemüse** 게뮈제	채소
Öl 욀	기름	**Saft** 자프트	주스
Pfeffer 페퍼	후추	**Nuss** 누쓰	견과류

철학자의 길(Philosophenweg)

칸트, 하이데거, 마르크스 등 독일은 위대한 철학자를 많이 배출했습니다. 독일 하이델베르크에는 이러한 위대한 철학자들의 숨결을 느낄 수 있는 '철학자의 길(Philosophenweg)'이 있습니다. 하이델베르크의 네카강을 가로지르는 다리 중 칼 테오도르 다리(Karl Theodor Brücke)'는 가장 아름답고 오래된 다리로 독일의 명물 중 하나입니다. 독일 관념 철학의 아버지인 칸트가 퀘니히스베르그 마을길을 산책하는 중 항상 점심시간 때면 이 다리를 건넜다고 합니다. 다리 위로 칸트의 모습이 보이면 마을 사람들이 시계를 맞췄다는 일화는 유명합니다.

테오도르 다리를 건너 왼쪽으로 더 가면 폭이 2m가 채 안될 만큼 좁고 꼬불꼬불한 골목길 슐랑엔벡(Schlangenweg)이 나옵니다. 좁다랗고 계단이 많은 이 슐랑엔벡을 지나면 철학자의 길에 도착합니다. '철학자의 길' 유래는 명확하진 않지만 일반적으로 칸트의 산책로에서 유래했다고 전해집니다. 만년을 하이델베르크 대학에서 보낸 칸트가 하루에도 8번씩 이곳을 산책하며 칸트철학을 체계화했다고 합니다.

이 길을 걸으면 하이델베르크를 극찬했던 프리드리히 횔더린(1770~1845)이 앉았던 자리와 그의 동상도 찾아볼 수 있습니다. 1800년 여름에 지은 '하이델베르크'라는 송시는 도시 하이델베르크의 아름다움과 가치를 노래한 시 중 가장 대표적으로 것으로 꼽힙니다.

[헤이델베르크의 '철학자의 길']

Ich gehe in den Supermarkt.
저는 슈퍼마켓으로 갑니다.

기본회화

A : Wohin gehst du denn?
보힌　게에스트　두　덴

B : Ich gehe in den Supermarkt.
이히　게에　인 덴　수퍼마크트

A : Was machst du im Supermarkt?
봐스　마흐스트　두　임　수퍼마크트

B : Im Supermarkt kaufe ich Fleisch.
임　수퍼마크트　카우페　이히　플라이쉬

Und wohin gehst du?
운트　보힌　게에스트　두

A : Ich gehe auf den Bahnhof.
이히　게에　아우프 덴　반호프

B : Was machst du auf dem Bahnhof?
봐스　마흐스트　두　아우프 뎀　반호프

A : Im Bahnhof muss ich meine Schwester abholen.
임　반호프　무스　이히　마이네　슈베스터　압홀렌

해석

A : 너 대체 어디로 가는 거야?
B : 슈퍼마켓에 가고 있어.
A : 슈퍼마켓에서 뭐 할 건데?
B : 슈퍼마켓에서 고기를 사려고.
　　넌 어디 가는 건데?
A : 난 역으로 가는 중이야.
B : 역에서 뭐 할 거야?
A : 역에서 내 여동생을 데려와야 해.

1. Ich gehe in den Supermarkt. 난 슈퍼마켓에 가고 있어.

'~로 가다'라고 표현할 때는 장소를 나타내는 동사와 nach, zu, in 등 방향을 나타내는 전치사를 함께 사용하는데, 이때 3, 4격 전치사 in이 방향을 나타낼 때는 4격을 사용합니다.

2. Im Supermarkt kaufe ich Fleisch. 슈퍼마켓에서 고기를 사려고 해.

전치사 in이 한정된 공간 안에서의 행위를 나타낸다면 3격을 사용합니다. 그리고 in과 dem의 축약 형태는 im입니다. 전치사구가 문장 앞에 위치하면 주어와 동사는 도치됩니다. Fleisch는 육류를 뜻하며 음식 등 재료를 나타낼 때는 관사를 사용하지 않습니다.

3. Was machst du auf dem Bahnhof? 역에서 뭐 할 거야?

전치사 auf도 역시 3, 4격 전치사이며 장소의 이동을 나타낼 때는 4격, 특정 공간 안에서의 행위나 상태를 나타낼 때는 3격을 사용합니다. '역'이라는 공간에서 무엇을 할 것인지를 물었으므로 전치사 auf는 3격 명사가 뒤따릅니다.

4. Im Bahnhof muss ich meine Schwester abholen.

역에서 내 여동생을 데려와야 해.

화법조동사 müssen이 사용된 문장이므로 본동사 abholen은 문장 뒤에 위치합니다. 본동사 abholen이 분리동사이지만 원형으로 후치했기 때문에 분리전철과 기본동사가 분리되지 않고 결합합니다.

새로 나온 단어

in 인	~안에서, 안으로	**Fleisch** 플라이쉬	고기, 육류
Supermarkt 수퍼마크트	수퍼마켓	**auf** 아우프	~위에, ~위로
im 임	~안에서	**Bahnhof** 반호프	역
⇒ in과 dem의 축약형		**Schwester** 슈베스터	여동생, 누나, 언니
kaufen 카우펜	사다, 구입하다	**abholen** 압홀렌	데려오다, 가져오다

Wo ist Peter?
보 이스트 페터
페터는 어디에 있습니까?

Er ist in dem Zimmer.
에어 이스트 인 뎀 찜머
그는 방 안에 있습니다.

Wohin geht Peter?
보힌 게엣 페터
페터는 어디로 갑니까?

Er geht ins Zimmer.
에어 게엣 인스 찜머
그는 방 안으로 갑니다.

Tip

"그는 방 안으로 갑니다."라는 뜻으로서 장소를 나타내는 동사와 함께 쓰인 전치사 in이 4격을 지배한 형태입니다. Zimmer는 중성명사이며 ins는 in das의 줄임말입니다.

Wo ist Frau Braun?
보 이스트 프라우 브라운
브라운 부인은 어디에 있습니까?

Sie ist in der Küche.
지 이스트 인 데어 퀴헤
그녀는 부엌에 있습니다.

Wo hängt das Bild?
보 헹트 다스 빌트
그림이 어디에 있습니까?

Tip

hängen 동사는 자동사로서 '~에 걸려 있다' 그리고 타동사로서 '~에 걸다'라는 뜻으로도 사용 가능한 동사입니다. 특정 공간이나 사물에 '걸려 있다'로 표현하려면 3, 4격 전치사는 3격을 사용합니다.

Das Bild hängt an der Wand.
다스 빌트 헹트 안 데어 봔트
그 그림은 벽에 걸려 있습니다.

Wohin hängen Sie das Bild?
보힌 헹엔 지 다스 빌트
그림은 어디에 거십니까?

Ich hänge das Bild an die Wand.
이히 헹에 다스 빌트 안 디 봔트
나는 그림을 벽에 겁니다.

hinter는 '〜뒤에', 혹은 '〜뒤로'라는 뜻의 3, 4격 전치사로서 '〜뒤에' 존재하는 상태면 3격을, '〜뒤로' 이동하는 것이면 4격을 사용합니다.

Wohin fährt das Auto?
보힌　페어트 다스 아우토
그 자동차는 어디로 갑니까?

Das Auto fährt hinter das Haus.
다스 아우토 페어트 힌터　다스　하우스
그 자동차는 집 뒤로 갑니다.

Wo steht das Auto?
보　슈테엣 다스 아우토
그 자동차는 어디에 있습니까?

Das Auto steht hinter dem Haus.
다스 아우토 슈테엣 힌터　뎀　하우스
그 자동차는 집 뒤에 있습니다.

Wohin stellen Sie das Buch?
보힌　슈텔렌　지 다스 부흐
그 책을 어디에 두십니까?

Ich stelle das Buch ins Regal.
이히 슈텔레 다스 부흐　인스 레갈
저는 책을 책장에 둡니다.

stellen 동사는 '〜에 두다'로서 목적어를 이동시켜야 하는 상황에 사용되므로 3, 4격 전치사는 4격을 써야 합니다.

주요표현 단어

Zimmer 찜머	방	**Wand** 봔트	벽
ins 인스	〜안으로	**hinter** 힌터	〜뒤에, 〜뒤로
⇒ in과 das의 줄임말		**stehen** 슈테엔	서다, 놓여 있다
Küche 퀴헤	부엌	**stellen** 슈텔렌	세우다, 두다
hängen 헹엔	걸려 있다, 걸다	**Buch** 부흐	책
Bild 빌트	그림, 사진	**Regal** 레갈	선반, 책장

3, 4격 전치사

　3, 4격 전치사는 3격과 4격 명사를 지배할 수 있는 전치사입니다. 공간이나 물체 안에서의 행위나 상태를 나타낼 때는 3격, 장소의 이동을 나타내는 경우엔 4격을 사용합니다.

3, 4격 전치사	의미	용례
hinter	~ 뒤에 ~ 뒤로	Die Garage ist **hinter** dem Haus. 그 차고는 집 뒤에 있다. (3격) Er geht **hinter** das Haus. 그는 집 뒤로 간다. (4격)
in	~ 안에 ~ 안으로	Ich bin **in** der Kirche. 나는 그 교회 안에 있다. (3격) Ich gehe **in** die Kirche. 나는 그 교회로 간다. (4격)
an	~ 곁에 ~ 곁으로	Das Bild hängt **an** der Wand. 그림이 벽에 걸려 있다. (3격) Ich hänge das Bild **an** die Wand. 나는 그림을 벽에 건다. (4격)
auf	~ 위에 ~ 위로	Die Vase liegt **auf** dem Tisch. 꽃병이 책상 위에 있다. (3격) Ich lege die Vase **auf** den Tisch. 나는 꽃병을 책상 위에 놓는다. (4격)
neben	~ 옆에 ~ 옆으로	Das Auto steht **neben** dem Haus. 자동차가 집 옆에 서 있다. (3격) Ich stelle das Auto **neben** das Haus. 나는 자동차를 집 옆에 세운다. (4격)
über	~ 위에 ~ 위로	Die Lampe hängt **über** dem Tisch. 램프가 책상 위에 걸려 있다. (3격) Ich hänge die Lampe **über** den Tisch. 나는 램프를 책상 위로 건다. (4격)
vor	~ 앞에 ~ 앞으로	Der Bus steht **vor** dem Kino. 버스가 영화관 앞에 있다. (3격) Ich fahre mit dem Bus **vor** das Kino. 나는 버스를 타고 영화관 앞으로 간다. (4격)
unter	~ 밑에 ~ 밑으로	Die Katze steht **unter** dem Stuhl. 고양이가 의자 밑에 있다. (3격) Die Katze geht **unter** den Stuhl. 고양이가 의자 밑으로 간다. (4격)
zwischen	~ 사이에 ~ 사이로	Das Heft ist **zwischen** den Büchern. 공책이 책들 사이에 있다. (3격) Ich stecke das Heft **zwischen** die Bücher. 나는 공책을 책들 사이로 꽂아둔다. (4격)

● 3, 4격 전치사와 관사의 축약형

im = in + dem
ins = in + das
am = an + dem
ans = an + das

1. 다음 (   ) 안에 알맞은 정관사를 써 넣으시오.

> **Ich gehe in (   ) Supermarkt.**

① der   ② des
③ dem   ④ den

in은 3, 4격 전치사이며 Supermarkt는 남성명사입니다.

2. 다음 보기에서 알맞은 전치사와 정관사로 짝지어진 것은?

> **Was machst du (   ) (   ) Bahnhof?**

① in dem   ② auf dem
③ in den   ④ auf den

Bahnhof는 남성명사이며 한정된 공간 안에서의 행위는 3격을 사용합니다.

3. 다음 빈칸에 맞는 3, 4격 전치사로 어울리는 것을 고르시오.

> **Wo hängt das Bild?**
> **Das Bild hängt (   ) der Wand.**

① in   ② an
③ auf   ④ über

사물이 주어로서 동사가 상태를 나타낼 때는 3격을 사용합니다. 측면을 뜻하는 전치사는 an.

4. 다음 보기의 문장을 올바로 해석한 것은?

> **Das Auto steht hinter dem Haus.**

① 그 자동차는 집 뒤에 있습니다.
② 그 자동차는 집 뒤로 갑니다.
③ 그 자동차는 집 앞에 있습니다.
④ 그 자동차는 집 앞으로 갑니다.

hinter는 '뒤쪽'을 나타내는 전치사입니다.

정답

1. ④   2. ②   3. ②   4. ①

채소/과일(Gemüse/Obst) 관련 단어

Apfel 사과
압펠

Birne 배
비어네

Kaki 감
카키

Banane 바나나
바나네

Apfelsine/Orange
압펠지네/오랑제
오렌지

Wassermelone 수박
봐써멜로네

Weintraube 포도
봐인트라우베

Erdbeer 딸기
에르트베어

Kartoffeln 카토펠	감자	**Sojasprossen** 쏘야슈프로쎈	콩나물
Bohnen 보넨	콩	**Aubergine** 오버지네	가지
Erbsen 에업센	완두	**Spargel** 슈파겔	아스파라거스
Gurken 구어켄	오이	**Paprika** 파프리카	파프리카
Zwiebeln 쯔비벨른	양파	**Kirsche** 키르히	체리
Salat 잘랏	샐러드	**Pflaume** 플라우메	자두
Spinat 슈피낫	시금치	**Aprikose** 아프리코제	살구
Kohl 코올	배추	**Zitrone** 찌트로네	레몬
Tomate 토마테	토마토	**Mandarine** 만다리네	귤
Zucchini 쭈치니	애호박	**Pfirsich** 피어지히	복숭아
Broccoli 브로콜리	브로콜리	**Ananas** 아나나스	파인애플
Lauch/Porree 라우흐/포레	파/대파	**Kiwi** 키비	키위
Knoblauch 크놉라우흐	마늘	**Melone** 멜로네	멜론
Rettich 레티히	무	**Avocado** 아보카도	아보카도
Möhre 뫼레	당근		

독일 자동차

독일은 세계 최초로 현대적인 자동차를 만든 나라입니다. 2차 세계 대전 이후 재건하는 과정에서 독일의 자동차 산업은 라인강의 기적을 가능하게 한 중추 산업이었습니다. 독일 자동차가 품질 면에서 세계적인 인기를 누리게 된 것은 근면하고 정확한 독일인들의 민족성, 그리고 자국민들의 자동차 사랑과 자부심 때문이라고 할 수 있습니다. 벤츠, 아우디, BMW, 폴크스바겐 등 세계적인 자동차 회사가 독일에 몰려 있는 것은 독일의 국가산업에서 자동차가 차지하는 비중을 엿볼 수 있게 합니다. 독일의 전체 수출에서 자동차 수출이 차지하는 비중도 20%에 이를 정도입니다.

독일에서도 벤츠, 아우디, BMW는 비싼 자동차입니다. 2016년 기준 독일 내 가장 많이 팔린 자동차 브랜드는 폴크스바겐으로 19.6%를 차지했으며, 그 뒤를 벤츠(9.3%), 아우디(8.6%), BMW(7.8%)가 잇고 있습니다. 비싼 차지만 자국민들이 많이 구매해 주기 때문에 성장을 지속하고 있으며 아직도 질적으로 우수한 '자동차=독일'이라는 등식이 성립할 만큼 견고하고 안전한 자동차를 생산하여 세계 도처로 수출하고 있습니다.

독일은 자동차뿐만 아니라 운전자들의 운전 매너도 세계 최고 수준입니다. 속도 무제한 구간의 고속도로에서도 추월차선인 1차로는 추월할 때 이외엔 절대로 들어가지 않습니다. 또한 시내 구간에서도 신호등을 철저히 지키고 보행자 우선 원칙을 철저히 지키는 편입니다. 신호등이 없는 횡단보도에서도 사람이 지나가면 멀리서부터 속도를 줄여 정지선에 서는 차량들을 많이 볼 수 있습니다. 다른 차량에 대한 배려심도 돋보여 양보운전하는 모습을 종종 볼 수 있습니다.

Ich habe gestern einen Film gesehen.

나 어제 영화 한 편을 봤어.

기본회화

A : **Guten Tag, Hans! Was hast du gestern gemacht?**
구텐 탁 한스 봐스 하스트 두 게스턴 게마크트

B : **Hallo, Marie!**
할로 마리

Ich habe gestern einen Film gesehen, und du?
이히 하베 게스턴 아이넨 필름 게제엔 운트 두

A : **Ich bin zu Hause geblieben.**
이히 빈 쭈 하우제 게블리벤

Ich habe viel gearbeitet, und dann bin ich früh ins
이히 하베 필 게아르바이텟 운트 단 빈 이히 프뤼 인스

Bett gegangen.
벳 게강엔

B : **Schade, ich habe Lisa getroffen.**
샤데 이히 하베 리사 게트로펜

Wir haben nach dem Film noch ein Bier getrunken.
뷔어 하벤 나흐 뎀 필름 노흐 아인 비어 게트룽켄

Ich bin erst nach zwei Uhr eingeschlafen.
이히 빈 에어스트 나흐 쯔바이 우어 아인게슐라펜

A : **Ah, schön! Ihr habt eine gute Zeit gehabt!**
아 쉔 이어 합트 아이네 구테 차이트 게합트

해석

A : 안녕, 한스! 너 어제 뭐 했어?

B : 안녕, 마리! 나 어제 영화 한 편 봤어. 너는?

A : 난 집에 있었어. 난 일을 많이 했고 일찍 잠자리에 들었어.

B : 유감이구나. 나는 리사를 만났거든. 우린 영화 끝나고 맥주를 마셨어. 난 2시 이후에야 비로소 잠이 들었어.

A : 아, 잘됐네! 너희들은 좋은 시간을 가졌겠구나!

1. Was hast du gestern gemacht? 너 어제 뭐 했어?

gemacht는 machen(~을 하다)의 과거분사 형태로서 현재완료로 사용하려면 조동사 haben과 결합해야 합니다. 시점이 과거라면 현재완료 형태를 사용할 수 있습니다. 의문사 was와 함께 한 의문문으로 "너 어제 무엇을 했니?"라는 뜻입니다.

2. Ich habe gestern einen Film gesehen. 난 어제 영화 한 편을 봤어.

현재완료는 완료조동사인 haben이나 sein 동사가 주어에 따라 인칭변화하고 과거분사는 문장 제일 끝에 위치합니다. 이에 따라 sehen의 과거분사인 gesehen이 문장 제일 뒤에 위치합니다. sehen의 목적어인 Film은 남성명사이므로 관사는 남성 4격을 사용합니다.

3. Ich bin zu Hause geblieben. 난 집에 있었어.

bleiben(머물다)의 과거분사 geblieben은 완료조동사 sein과 결합하여 현재완료를 만듭니다. zu Hause는 '집에서'라는 뜻의 관용적 표현입니다.

4. Ich bin erst nach zwei Uhr eingeschlafen. 난 2시 이후에야 비로소 잠이 들었어.

einschlafen은 '잠들다'라는 뜻의 자동사입니다. 분리동사이기 때문에 schlafen의 과거분사인 geschlafen에 ein이 결합된 eingeschlafen으로 과거분사입니다. 이 동사는 상태의 변화를 나타내기 때문에 현재완료로 쓰일 때는 완료조동사 sein과 결합합니다.

새로 나온 단어

gestern 게스턴	어제		⇒ 과거분사는 gearbeitet	
machen 마헨	하다		**früh** 프뤼	일찍
⇒ 과거분사는 gemacht			**Bett** 벳	침대
Film 필름	영화		**schade** 샤데	유감스러운
sehen 제엔	보다		**treffen** 트레펜	만나다
⇒ 과거분사는 gesehen			**Bier** 비어	맥주
bleiben 블라이벤	머물다		**erst** 에어스트	비로소
⇒ 과거분사는 geblieben			**einschlafen** 아인슐라펜	잠들다
arbeiten 아르바이텐	일하다		**Zeit** 차이트	시간

Tip

'주말'을 뜻하는 Wochenende는 전치사 an과 함께 쓰여지면 '주말에'가 됩니다. "넌 주말에 무엇을 했니?"라는 뜻이 됩니다.

Was hast du am Wochenende gemacht?
봐스 하스트 두 암 보헨엔데 게마흐트
너 주말에 뭐 했니?

Ich habe ein Buch gelesen.
이히 하베 아인 부흐 겔레젠
난 책 한 권을 읽었어.

Bist du gestern nach Mainz gefahren?
비스트 두 게스턴 나흐 마인츠 게파렌
너 어제 마인츠로 갔니?

Nein, ich bin nach Frankfurt gefahren.
나인 이히 빈 나흐 프랑크푸르트 게파렌
아니, 난 프랑크푸르트로 갔어.

Tip

mit dem Bus는 '버스를 타고'라는 뜻으로 mit과 교통수단이 함께 쓰이면 '~을 타고'가 됩니다. 장소의 이동을 나타내는 fahren(~을 타고 가다)은 완료형 조동사로 sein과 함께 쓰입니다.

Bist du mit dem Bus gefahren?
비스트 두 밋 뎀 부스 게파렌
넌 버스를 타고 갔니?

Nein, ich bin mit dem Zug gefahren.
나인 이히 빈 밋 뎀 쭉 게파렌
아니, 난 기차를 타고 갔어.

Bis wann hast du gearbeitet?
비스 반 하스트 두 게아르바이텟
언제까지 일을 했니?

Ich habe bis sieben Uhr gearbeitet.
이히 하베 비스 지벤 우어 게아르바이테트
나는 7시까지 일을 했어.

Was haben Sie heute Morgen gemacht?
봐스 하벤 지 호이테 모르겐 게마흐트
오늘 아침에 무엇을 했습니까?

Am Morgen habe ich Fussball gespielt.
암 모르겐 하베 이히 푸쓰발 게슈필트
아침에 저는 축구를 했습니다.

Und am Abend?
운트 암 아벤트
저녁에는요?

Am Abend habe ich ferngesehen.
암 아벤트 하베 이히 페른게제엔
저녁에는 제가 텔레비전을 봅니다.

Wann sind Sie abgefahren?
반 진트 지 압게파렌
당신은 언제 출발하셨나요?

Ich bin pünktlich um 9 Uhr abgefahren.
이히 빈 퓡크틀리히 움 노인 우어 압게파렌
저는 정확히 9시에 출발했습니다.

Womit sind Sie gefahren?
보밋 진트 지 게파렌
무엇을 타고 가셨습니까?

Ich bin mit dem Zug gefahren.
이히 빈 밋 뎀 쭉 게파렌
저는 기차를 타고 갔습니다.

fernsehen은 '텔레비전을 보다'라는 뜻으로 분리동사입니다. 분리동사가 과거분사로 쓰이면 형태는 '분리전철+기본동사의 과거분사'가 됩니다.

'무엇을 타고'는 '의문사+전치사' 형태인 womit을 사용합니다.

주요표현 단어

Wochenende 보헨엔데	주말	**Zug** 쭉	기차
lesen 레젠	읽다	**Fussball** 푸쓰발	축구
⇒ 과거분사는 gelesen		**spielen** 슈필렌	놀다
gestern 게스턴	어제	**fernsehen** 페른제엔	TV를 보다
fahren 파렌	(~을 타고) 가다	**abfahren** 압파렌	출발하다
⇒ 과거분사는 gefahren		**pünktlich** 퓡크틀리히	제시간에, 정확히
Bus 부스	버스	**womit** 보밋	무엇을 타고

현재완료

현재완료의 기본구조는 다음과 같습니다.

현재완료의 기본구조	sein / haben(완료조동사) + ... + PII(과거분사)

즉 sein 동사나 haben 동사를 완료조동사로 이용하고, 문장 제일 끝에 과거분사를 위치시키는 것이 현재완료의 기본 골격이 됩니다.

Ich **bin** gestern nach Frankfurt **gefahren**. 나는 어제 프랑크푸르트로 갔다.
Er **hat** gestern ein Glas Wein **getrunken**. 그는 어제 포도주 한 잔을 마셨다.

현재완료는 완료조동사 sein과 결합하는 경우와 haben과 결합하는 경우로 나뉩니다. sein과 결합하는 경우만 알아두고 나머지는 다 haben과 결합한다고 생각하면 됩니다.

● **sein과 결합**

1) 장소의 이동을 나타내는 동사

gehen(가다), kommen(오다), fahren(차를 타고 가다), fliegen(비행기로 가다), fallen(떨어지다), laufen(뛰다) 등

Ich **bin** nach Haus **gegangen**. 나는 집으로 갔다.

2) 상태의 변화를 나타내는 동사

sterben(죽다), wachsen(성장하다), einschlafen(잠들다), aufstehen(일어나다) 등

Sie **ist** um 8 Uhr **aufgestanden**. 그녀는 8시에 일어났다.

3) sein, bleiben, werden 동사

Ich **bin** gestern in Frankfurt **gewesen**. 나는 어제 프랑크푸르트에 있었다.

note

1. 다음 표현을 올바르게 해석한 것을 고르시오.

> **Ich bin zu Hause geblieben.**

① 나는 집에 머물 것입니다.

② 나는 집에 갔습니다.

③ 나는 집에 머물렀습니다.

④ 나는 집에 갈 것입니다.

2. 다음 표현 중 ( ) 안에 맞는 단어로 알맞게 짝지어진 것을 고르시오.

> **(   ) du gestern nach Mainz (   )?**

① Bist – gefahrt   ② Bist – gefahren

③ Hast – gefahrt   ④ Hast – gefahren

3. 다음 ( ) 안에 알맞은 과거분사형을 고르시오.

> **Er ist um 7 Uhr (   ).**
> 그는 7시에 일어났다.

① geaufsteht   ② geaufstanden

③ aufgestanden   ④ aufstanden

4. 다음 ( ) 안의 과거분사형을 쓰시오.

> **Ich habe gestern viel (   ).**
> 저는 어제 일을 많이 했습니다.

정답

1. ③   2. ②   3. ③   4. gearbeitet

음료/흡연(Getränke/Rauchen) 관련 단어

Kaffee 커피
카페

Mineralwasser 미네랄 물
미네랄봐써

Bier 맥주
비어

Wein 포도주
봐인

Cola 콜라
콜라

Cocktail 칵테일
콕테일

Fruchtsaft 과일주스
푸루흐트자프트

Gemüsesaft 야채주스
게뮈제자프트

Tee 테	차	**Schwarzer Tee** 슈바르쩌 테	홍차
Früchtetee 프뤼히테테	과일차	**Grüner Tee** 그뤼너 테	녹차
Kräutertee 크로이터테	허브차	**Teebeutel** 테보이텔	차필터
Kakao 카카오	카카오	**Teekanne** 테칸네	찻주전자
Trinkwasser 트링크바써	식수	**Kneipe** 크나이페	선술집
Limonade 리모나데	레몬수	**Pub** 펍	생맥주집
Sprudel 슈푸루델	탄산수	**Rauchen** 라우헨	흡연
Rotwein 로트바인	적포도주	**Zigarre** 찌가레	여송연
Weißwein 봐이쓰바인	백포도주	**Pfeife** 파이페	파이프
Weinbrand 봐인브란트	꼬냑	**Tabak** 타박	담배
Whisky 비스키	위스키	**Zigarette** 찌가레테	담배
Wodka 보드카	보드카	**Zigarettenetui** 찌가레텐에투이	담뱃갑
Champagner 샴파냐	샴페인	**Zigarettenkippe** 찌가레텐키페	담배꽁초
Eistee 아이스테	아이스티	**Aschenbecher** 아쉔베혀	재털이
Milch 밀시	우유	**Feuerzeug** 포이어쪼익	라이터

독일의 스포츠

독일은 스포츠의 나라입니다. 올림픽 무대나 각종 세계 선수권대회에서 상위 성적을 보이고 있으며 생활체육이 활성화되어 있기도 합니다.

독일에서 가장 인기있는 스포츠는 축구라고 할 수 있습니다. 이미 세계 최고 수준의 관중 참가율을 보이고 있는 분데스리가(Bundeslaga)는 유럽의 4대 리그에 속하며, 월드컵에서도 독일 대표팀은 좋은 성적을 보여 왔습니다. 독일은 월드컵에서 4회 우승(1954, 1974, 1990, 2014)을 하여 브라질에 이어 두 번째 최다 우승 국가로 기록되고 있으며 프란츠 베켄바우어, 게르트 뮐러 등 유명한 선수를 배출하기도 했습니다.

축구뿐만 아니라 각종 스포츠에서도 독일은 두각을 보이고 있습니다. 테니스에서 보리스 베커, 슈티피 그라프 등이 메이저 대회를 여러 차례 우승하여 이름을 드높였고, 자동차 경주 대회인 F1에서도 미카엘 슈마허가 최다 우승 기록을 보유하고 있습니다.

독일 스포츠가 강세를 보이고 있는 이유 중의 하나는 생활체육 중심의 스포츠 정책 때문이라고 할 수 있습니다. 생활체육 시설이 전국적으로 균등하게 분포되어 있고 이것을 중심으로 9만 개가 넘는 스포츠클럽이 결성되어 있습니다. 독일 인구 8200만 명 중 1/4은 체육 단체 중 어느 한 곳의 회원일 정도로 각종 스포츠가 일상화되어 있습니다. 독일 스포츠 연맹(DSB)이 최고 기구로서 독일 스포츠 전반의 정책을 결정하고 관장합니다.

Wo warst du im Urlaub?
휴가 때 어디에 있었니?

기본회화

A : **Hallo, Thomas! Wo warst du im Urlaub?**
할로　　토마스　　　보　봐스트　두 임 우얼라웁

B : **Ich war am Strand in Italien.**
이히 봐 암　슈트란트　인 이탈리엔

A : **Wie war es?**
뷔　봐　에스

B : **Es war wirklich toll und interessant.**
에스 봐　비어클리히　톨　운트　인터레싼트

A : **Und wie war das Wetter?**
운트　뷔　봐　다스 베터

B : **Das Wetter war auch schön.**
다스　베터　봐　아우흐 쇤

Es war fantastisch.
에스 봐　판타스티쉬

A : **Super! Das freut mich.**
수퍼　　다스　프로잇　미히

1. Wo warst du im Urlaub? 너 휴가 때 어디 있었니?

warst는 sein 동사의 과거형인 war의 단수 2인칭 형태입니다. 이미 지난 일을 표현할 경우에는 과거형이나 현재완료형을 사용하는데 sein 동사를 사용할 경우에는 과거형을 주로 씁니다. Urlaub은 '휴가'를 뜻하는 남성명사입니다.

2. Ich war am Strand in Italien. 난 이탈리아의 해변에 있었어.

Strand는 '해변'이란 뜻으로 보통 전치사 an과 결합하여 사용됩니다. 과거형 물음에는 대답할 때도 역시 과거형으로 대답하는 것이 기본입니다.

3. Es war wirklich toll und interessant. 그건 정말 멋졌고 재미있었어.

toll은 '멋진', interessant는 '흥미로운', '재미있는'이란 뜻을 가지고 있는 형용사입니다. wirklich는 '정말'이란 뜻으로 여기서는 부사로 사용되어 toll과 interessant를 꾸며주는 역할을 합니다.

4. Das Wetter war auch schön. 날씨도 좋았어.

'날씨'는 Wetter라고 하며 중성명사입니다. '날씨가 좋다'고 할 때는 형용사 gut보다는 schön을 주로 사용합니다.

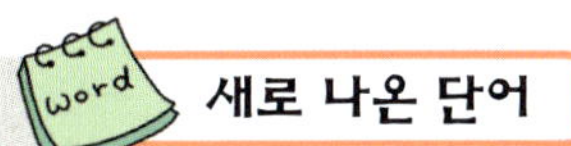
새로 나온 단어

warst 바스트	~였다	toll 톨	멋진
⇒ sein의 과거 war의 2인칭 형태		interessant 인터레싼트	재미있는
Urlaub 우얼라웁	휴가	Wetter 베터	날씨
Strand 슈트란트	해변	fantastisch 판타스티쉬	환상적인
Italien 이탈리엔	이탈리아	super 수퍼	멋진, 최고의
wirklich 비어클리히	정말		

Tip

Ferien은 '방학', 혹은 '휴가'란 뜻으로 복수로만 사용됩니다. "방학 중에 어디에 있었어?"라고 이해하면 됩니다.

Wo warst du in den Ferien?
보 봐스트 두 인 덴 페리엔
너 방학 중에 어디 있었니?

Ich war in den Ferien an der Ostsee.
이히 봐 인 덴 페리엔 안 데어 오스트제
난 방학 때 동해에 있었어.

Waren Sie einmal in Deutschland?
봐렌 지 아인말 인 도이칠란트
독일에 한번 가본 적 있어요?

Nein, noch nicht.
나인 노흐 니히트
아니요, 아직 없습니다.

Wo warst du gestern?
보 봐스트 두 게스턴
너 어제 어디에 있었니?

Tip

'병원에 있다'를 beim Arzt sein 이라고 하여 관용적 용법으로 사용합니다.

Ich war gestern beim Arzt.
이히 봐 게스턴 바임 아르쯔트
난 어제 병원에 있었어.

Ich hatte Fieber und Kopfschmerzen.
이히 하테 피버 운트 콥프슈메르쩬
나는 열이 있고 두통도 있어.

Der Arzt sagte mir, "Du hast Grippe!"
데어 아르쯔트 작테 미어 두 하스트 그리페
의사가 나에게 "독감에 걸렸군!" 하고 말했어.

Dann musste ich Tabletten einnehmen.
단 무스테 이히 타블레텐 아인네멘
그리고 나서 난 알약을 먹어야 했어.

Wo war er gestern?
보 봐 에어 게스턴
그는 어제 어디에 있었니?

"그는 이발사에게 있었다." 즉 beim Friseur는 '머리카락을 잘 랐다'는 의미로 사용됩니다.

"그것은 고의가 아니었습니다." 즉 '일부러 그런 건 아니'라고 강조하는 표현입니다.

Er war beim Friseur.

에어 봐 바임 프리죄어

그는 이발사에게 있었어.

Ich sah gestern Abend viel fern.

이히 자 게스턴 아벤트 필 페른

나는 어제 저녁에 텔레비전을 많이 봤습니다.

Sie nahm ein Taxi und fuhr zum Bahnhof.

지 남 아인 탁시 운트 푸어 쭘 반홉

그녀는 택시 한 대를 타고 역으로 갔습니다.

Das war keine Absicht.

다스 봐 카이네 압지히트

그것은 고의가 아니었습니다.

Er wurde 1940 geboren.

에어 부어데 노인첸훈더트피어찌히 게보렌

그는 1940년에 태어났습니다.

Mein Onkel gab mir ein Geschenk.

마인 옹클 갑 미어 아인 게쉥크

나의 삼촌은 나에게 선물 하나를 주셨습니다.

주요표현 단어

Ferien 페리엔	방학, 휴가	**fernsehen** 페른제엔	TV를 보다
Ostsee 오스트제	독일 북동쪽의 바다	⇒ 과거형은 sah ... fern	
einmal 아인말	한번	**Absicht** 압지히트	의도
Grippe 그리페	독감	**wurde** 부어데	'~이 되다'의 과거
Tablette 타블레테	알약	⇒ werden의 과거형	
⇒ 복수형은 Tabletten		**geboren** 게보렌	태어난
einnehmen 아인네멘	복용하다	**gab** 갑	'주다'의 과거
Friseur 프리죄어	이발사	⇒ geben의 과거형	

문법이야기

동사의 과거

과거의 일에 대해서 과거형이 쓰이며 주로 문어체(소설, 신문기사 등)에서 사용됩니다. 동사는 크게 규칙동사와 불규칙동사로 나뉘는데 규칙동사는 동사의 어간 끝에 -te를 붙여 과거형을 만들며 과거분사는 어간 앞에 ge-, 어간 끝에 -t를 붙입니다. 이것을 도표로 나타내면 다음과 같습니다.

구분	부정형	과거	과거분사
형태	어간 + en	어간 + **te**	**ge** + 어간 + **t**

이에 따라 sagen(말하다) 동사의 과거는 sagte, 과거분사는 gesagt가 됩니다. 하지만 불규칙동사는 일정한 규칙이 없으므로 그 형태를 외워야 합니다. 주요 불규칙동사의 과거-과거분사형은 다음과 같습니다.

구분	부정형	과거	과거분사
불규칙동사	geben (주다) fahren (타고 가다) essen (먹다) helfen (돕다) nehmen (잡다, 쥐다)	gab fuhr aß half nahm	gegeben gefahren gegessen geholfen genommen

● 동사의 과거 인칭변화

	단수(Sg.)		복수 (Pl.)	
1인칭	ich	-	wir	-en
2인칭	du	-st	ihr	-t
3인칭	er / sie / es	-	sie / Sie	-en

이에 따라 sagen 동사를 과거 인칭변화시키면 다음과 같습니다.

	단수(Sg.)		복수 (Pl.)	
1인칭	ich	sagte	wir	sagten
2인칭	du	sagtest	ihr	sagtet
3인칭	er / sie / es	sagte	sie / Sie	sagten

1. 다음 현재문장을 과거문장으로 바꿀 때 맞는 것은?

> **Ich bin zu Hause.**
> 나는 집에 머물러 있습니다.

① Ich war zu Hause.

② Ich warst zu Hause.

③ Ich bin zu Hause geblieben.

④ Ich ware zu Hause.

2. 다음 문장을 올바로 해석한 것을 고르시오.

> **Wo warst du im Urlaub?**

① 너 어디로 여행했니? 　② 너 휴가 때 어디 있었니?

③ 너 휴가하러 갔었니?　　④ 너 방학 때 어디 구경했니?

3. 다음 (　　) 안에 알맞은 과거형을 고르시오.

> **Er (　　　) Grippe.**
> 그는 독감에 걸렸다.

① hatte　　② hattet　　③ hattest　　④ hat

4. 다음 각 동사의 과거형태를 차례로 쓰시오.

1) nehmen :

2) helfen :

3) fahren :

정답

1. ①　　**2.** ②　　**3.** ①　　**4.** 1) nahm　2) half　3) fuhr

식물/자연(Pflanzen/Natur) 관련 단어

Baum 나무
바움

Blume 꽃
블루메

Gras 잔디
그라쓰

Chrysantheme 국화
크리잔테메

Meer 바다
메어

Berg 산
베르그

Fluss 강
풀루스

Hügel 언덕
휘겔

Busch 부쉬	덤불, 숲	**Wasser** 바써	물
Unkraut 운크라웃	잡초	**Luft** 루프트	공기
Kamille 카밀레	캐모마일	**Land** 란트	땅, 육지
Osterglocke 오스터글록케	은방울	**Himmel** 힘멜	하늘
Rose 로제	장미	**Erde** 에르데	흙, 지구
Sonnenblume 존넨블루메	해바라기	**Sonne** 존네	태양
Tulpe 툴페	튜울립	**Mond** 몬트	달
Veilchen 바일헨	제비꽃	**Stern** 슈테른	별
Kiefer 키퍼	소나무	**Wolke** 볼케	구름
Tanne 탄네	전나무	**Ozean** 오쩨안	대양
Ahorn 아호언	단풍나무	**See** 제에	호수
Kastanie 카스타니	밤나무	**Wald** 발트	숲
Ginkgobaum 징코바움	은행나무	**Gebirge** 게비어게	산맥
Wiese 뷔제	초원	**Tal** 탈	골짜기
Feuer 포이어	불	**Teich** 타이히	연못

노이슈반슈타인 성

　세계에서 가장 아름다운 성으로 꼽히는 노이슈반슈타인(Neuschwanstein) 성, 독일 바이에른 왕국의 왕 루트비히 2세가 19세기(1869~1886)에 지은 로마네스크 양식의 성입니다. 루트비히 2세가 바그너와 그의 오페라인 '로엔그린'에 푹 빠져 지은 성이라고 알려져 있습니다. 그러나 이 성을 지음으로써 바이에른 왕국의 재정이 파탄나고 루트비히 2세도 퇴위하고 말았습니다. 급기야 퇴위 3일 후에 슈타른베르거 호수에서 그가 익사체로 발견되었다고 합니다.

　이 성을 구경하려면 먼저 퓌센(Füssen)에 도착하여 버스로 이동하는 방법이 있습니다. 성 입구의 매표소에서는 티켓을 구입해야 하는데 성까지는 셔틀버스를 이용하거나 마차를 이용하는 방법이 있으며 성에 도착 후 안내에 따라 내부로 입장할 수 있습니다. 매표소에서 선택한 가이드 언어와 입장시간, 투어번호 등을 확인하고 입장을 해야 합니다.

　성의 외관은 마리엔 다리(Marienbrücke)에서 보는 경관이 일품입니다. 협곡 사이에 위치한 아찔한 다리 위에서 바라보는 노이슈반슈타인 성의 경관은 매우 아름답습니다.

　루트비히 2세는 노이슈반슈타인 성이 관광지 따위로 전락하는 것을 보고 싶지 않다며 자신이 죽으면 성을 부숴버리라고 유언했다고 합니다. 하지만 지금은 바이에른주 최고의 관광지로 각광을 받고 있지요. 디즈니의 신데렐라 성, 그리고 롯데월드의 매직 아일랜드 성도 노이슈반슈타인 성을 모델로 한 것이라고 합니다.

Was isst du gern?
너는 무엇을 즐겨 먹니?

기본회화

A: **David, was isst du gern?**
다빗　바스　이스트 두　게언

B: **Ich esse gern Fisch. Aber ich esse lieber Schnitzel.**
이히　에쎄　게언　피쉬　아버　이히　에쎄　리버　슈니쩰

A: **Was isst du am liebsten?**
바스　이스트 두　암　립스텐

B: **Am liebsten esse ich Pizza. Und du?**
암　립스텐　에쎄　이히 핏짜　운트　두

A: **Ich esse Steak am liebsten.**
이히　에쎄　스테이크　암　립스텐

B: **Gehst du gern ins Restaurant?**
게에스트　두　게언　인스 레스토랑

A: **Ja, aber ich gehe lieber in die Mensa.**
야　아버　이히 게에　리버　인　디　멘자

B: **Stimmt, das Essen in der Mensa ist viel günstiger.**
슈팀트　다스 에쎈　인 데어　멘자　이스트 필　귄스티거

A : 다비드, 너 무엇을 즐겨 먹니?

B : 난 생선을 즐겨 먹어. 하지만 돈가스를 더 좋아하지.

A : 어떤 음식을 가장 좋아하니?

B : 가장 즐기는 건 피자야. 너는 뭘 가장 좋아하니?

A : 나는 스테이크를 가장 좋아해.

B : 레스토랑엔 잘 가는 편이니?

A : 응, 하지만 대학식당에 가는 걸 더 좋아해.

B : 맞아, 대학식당 음식이 훨씬 더 저렴하지.

1. Was isst du gern? 너는 뭘 즐겨 먹니?

essen(먹다) 동사의 2인칭 형태는 isst입니다. gern은 부사로서 '즐겨', '기꺼이'라는 뜻이며 비교급 최상급 형태는 각각 lieber, am liebsten입니다.

2. Am liebsten esse ich Pizza. 가장 즐기는 건 피자야.

gern의 최상급 형태인 am liebsten이 문장 제일 처음에 위치하여 주어와 동사가 도치된 형태로 쓰여진 문장입니다. Pizza 등 음식 이름은 관사 없이 사용해도 됩니다.

3. Gehst du gern ins Restaurant? 넌 레스토랑에 잘 가는 편이니?

Restaurant은 중성명사이고 ins는 전치사 in과 관사 das의 축약형입니다. "레스토랑에 즐겨 가느냐?"고 묻는 의문형 문장입니다.

4. Das Essen in der Mensa ist viel günstiger. 대학식당 음식이 훨씬 저렴해.

Mensa는 '대학식당'을 가리키며 여성명사입니다. 'viel + 비교급'은 '훨씬 더 ~한'이라는 뜻으로 사용되며 günstiger의 원급 günstig는 '(가격이) 저렴한'을 나타냅니다.

새로 나온 단어

isst 이스트	먹다	**Restaurant** 레스토랑	레스토랑
⇒ essen의 2인칭 형태		**Mensa** 멘자	멘자, 대학식당
Fisch 피쉬	생선	**stimmt** 슈팀트	맞는, 정확한
lieber 리버	더 즐겨	**Essen** 에쎈	음식, 식사
⇒ gern의 최상급		**viel** 필	많이, 훨씬
Schnitzel 슈니쩰	돈가스	**günstiger** 귄스티거	더 저렴한
am liesten 암 립스텐	가장 좋아하는	⇒ günstig(저렴한)의 비교급	

주요표현

'so+형용사 원급+wie~'는 '~만큼 (원급)~한'이란 뜻으로 비교대상이 같음을 의미합니다.

'비교급+als~'는 '~보다 더(비교급) ~한'이라는 뜻으로 비교대상의 크기나 정도가 같지 않고 상대적으로 더하거나 덜하다는 뜻입니다.

Ist Bonn so groß wie Berlin?
이스트 본　조 그로스 뷔　베얼린
본이 베를린만큼 큽니까?

Nein, Berlin ist viel größer als Bonn.
나인　베얼린　이스트 필 그뢰써　알스 본
아닙니다. 베를린이 본보다 훨씬 큽니다.

Ist das Auto so schnell wie der Zug?
이스트 다스 아우토 조 슈넬　뷔 데어 쭉
자동차가 기차보다 더 빠릅니까?

Nein, der Zug ist schneller als das Auto.
나인　데어 쭉　이스트 슈넬러　알스 다스 아우토
아니요, 기차가 자동차보다 더 빠릅니다.

Aber das Flugzeug ist am schnellsten.
아버　다스 풀룩쪼익　이스트 암 슈넬스텐
하지만 비행기가 가장 빠릅니다.

Was möchten Sie gern trinken?
봐스　뫼히텐　지 게언　트링켄
당신은 무엇을 즐겨 마십니까?

Ich trinke gern Apfelsaft.
이히 트링케　게언　압펠자프트
사과주스를 즐겨 마십니다.

Aber ich trinke lieber Kaffee.
아버　이히 트링케　리버　카페
하지만 저는 커피를 더 즐겨 마십니다.

Welche Fremdsprache sprechen Sie?
벨혜　프렘트슈프라헤　슈프레헨　지
어떤 외국어를 하십니까?

Ich spreche gut Deutsch.
이히 슈프레혜　굿　도이취
저는 독일어를 잘합니다.

"나는 독일어보다 스페인어를 더 잘 말한다.", 즉 als의 앞부분을 더 강조하는 표현입니다. gut의 비교급인 besser는 형용사의 비교변화에서 불규칙적입니다.

Ich spreche Spanisch besser als Deutsch.
이히 슈프레헤 슈파니쉬 베써 알스 도이취
저는 독일어보다 스페인어를 더 잘합니다.

Am besten spreche ich Englisch.
암 베스텐 슈프레헤 이히 엥글리쉬
제가 제일 잘하는 건 영어예요.

Frau Meier ist älter als Herr Bauer.
프라우 마이어 이스트 엘터 알스 헤어 바우어
마이어 부인은 바우어씨보다 나이가 더 많습니다.

Herr Braun ist am ältesten.
헤어 브라운 이스트 암 엘테스텐
브라운씨가 가장 나이가 많습니다.

상대적 비교우위를 나타내는 표현입니다. 여기서 형용사의 원급 hoch(높은)의 비교급은 불규칙 변화를 하며 höher가 됩니다.

Die Kirche ist höher als das Gebäude.
디 키르헤 이스트 회어 알스 다스 게보이데
그 교회는 그 건물보다 더 높습니다.

Der Turm ist am höchsten.
데어 투엄 이스트 암 획스텐
그 탑이 가장 높습니다.

주요표현 단어

groß 그로스	큰	**Fremdsprache** 프렘트슈프라헤	외국어
so~wie~ 조 뷔	~만큼 ~한	**Spanisch** 슈파니쉬	스페인어
größer 그뢰써	더 큰	**besser** 베써	더 좋은
als 알스	~보다	**am besten** 암 베스텐	가장 좋은
schnell 슈넬	빠른	**älter** 엘터	더 나이 많은
Flugzeug 플룩쪼익	비행기	**am ältesten** 암 엘테스텐	가장 나이 많은
am schnellsten 암 슈넬스텐	가장 빠른	**Gebäude** 게보이데	건물
Apfelsaft 압펠자프트	사과주스	**höher** 회어	더 높은
lieber 리버	더 즐기는	**am höchsten** 암 획스텐	가장 높은

형용사의 비교변화

  형용사의 비교급은 원급에 -er, 최상급은 원급에 -st를 붙여 만드는 것을 기본으로 합니다. 이를 도표로 표현하면 다음과 같습니다.

형용사	원급	비교급	최상급
	____	____er	____st *am ____sten

*최상급의 경우 실제 문장에서는 주로 am -sten으로 사용됨을 유의해야 합니다.

● 규칙 변화

원급	비교급	최상급	
schnell (빠른)	schneller	schnellst	am schnellsten
klein (작은)	kleiner	kleinst	am kleinsten
*jung (젊은)	jünger	jüngst	am jüngsten
*arm (불쌍한)	ärmer	ärmst	am ärmsten
*groß (키가 큰)	größer	größt	am größten

*단모음 형용사의 경우 비교급 최상급에서 Umlaut를 붙여줘야 합니다.

● 불규칙 변화

원급	비교급	최상급	
gut (좋은)	besser	best	am besten
viel (많은)	mehr	meist	am meisten
gern (좋아하는)	lieber	liebst	am liebsten
hoch (높은)	höher	höchst	am höchsten
nah (가까운)	näher	nächst	am nächsten
wenig (적은)	weniger	wenigst	*am wenigsten
	minder	mindest	*am mindesten

*wenig의 비교급, 최상급 형태는 두 가지로서 하나는 규칙, 다른 하나는 불규칙적으로 변화합니다.

1. 다음 (   ) 안에 알맞은 형용사의 형태를 쓰시오.

> **Peter ist so (   ) wie sein Vater.**

① groß

② größer

③ größt

④ am größten

2. 다음 보기에서 각 도시의 크기를 비교한 표현으로 올바른 것은?

> [보기] **Berlin > Köln > Mainz**

① Mainz ist am größten.

② Köln ist größer als Berlin.

③ Berlin ist kleiner als Mainz.

④ Mainz ist kleiner als Köln.

3. 다음 밑줄 친 최상급의 원급 형태로 맞는 것은?

> <u>Am besten</u> spreche ich Koreanisch.

① gern

② gut

③ viel

④ besser

4. 다음 형용사나 부사의 비교급 형태를 쓰시오.

1) gern – (   )

2) hoch – (   )

3) viel – (   )

정답

1. ①　　**2.** ④　　**3.** ②　　**4.** 1) lieber　2) höher　3) mehr

교통(Verkehr) 관련 단어

 **U-Bahn** 지하철
우반

 **Bus** 버스
부스

 **Zug** 기차
쭉

 **Lastwagen** 화물차, 트럭
라스트바겐

 **Fahrrad** 자전거
파랏

 **Taxi** 택시
탁시

 **Zebrastreifen** 횡단보도
쩨브라슈트라이펜

 **Verkehrsampel**
페어케어쓰암펠
교통신호기

Strasse 슈트라쎄	거리	**Eisenbahn** 아이젠반	철로
Landstrasse 란트슈트라쎄	국도	**Bahnhof** 반호프	역
Einbahnstrasse 아인반슈트라쎄	일방통행	**Bahnsteig** 반슈타익	플랫홈
Autobahn 아우토반	고속도로	**Gleis** 글라이쓰	선로
Kreuzung 크로이쭉	교차로	**LKW** 엘카베	화물차
Parkplatz 파크플라쯔	주차장	**Schiff** 쉬프	배
Fussgänger 푸쓰갱어	보행자	**Hafen** 하펜	부두
Bürgersteig 뷔르거슈타익	보도, 인도	**Fähre** 페레	나룻배
Auto/Wagen 아우토/봐겐	자동차	**Boot** 보트	보트
PKW 페카베	승용차	**S-Bahn** 에쓰반	고속열차
Fahrer 파러	운전사	**Linie** 리니에	선, 노선
Bushaltestelle 부스할트슈텔레	버스정류장	**Verkehrsschild** 페어케어쓰쉴트	교통표지판
Strassenbahn 슈트라쎈반	전동차	**Fußgängerzone** 푸쓰갱어쪼네	보행자구역
Moped 모펫	소형 오토바이	**Mofa** 모파	자전차
Motorrad 모토랏	오토바이	**Rollstuhl** 롤슈툴	휠체어

햄버거의 어원

햄버거는 구운 패티를 빵 사이에 끼워먹는 음식으로 세계적으로 널리 알려진 패스트 푸드의 대명사입니다. 하지만 이 햄버거가 독일의 항구도시 함부르크(Hamburg)에서 왔다는 사실을 아는 이는 많지 않습니다. 독일에서는 특정 도시의 특산품, 혹은 대표음식에 대해 그 지명에 –er를 붙여 만든 이름으로 부르곤 합니다. 예를 들면 독일에서는 베를린 지역의 튀긴 빵을 베를리너(Berliner), 뉘른베르크의 소시지를 뉘른베르거(Nürnberger)라고 부릅니다.

'햄버거(Hamburger)'는 19세기 독일 이민자들이 미국으로 들어오면서 사용한 용어라고 합니다. 당시 명칭은 '함부르크식 스테이크'라는 뜻에서 '함부르거(Hamburger)'라고 명명한 것이 시초라고 알려져 있습니다. 물론 햄버거 스테이크가 빵 사이에 끼워진 최초의 햄버거에 대한 시초는 의견이 매우 다양합니다. 하지만 분명한 것은 오늘날 햄버거라는 음식은 미국에서 시작되고 변형되어 유행이 되었다는 것입니다. '햄버거'란 명칭으로 정식 상품화한 것 역시 미국회사인 맥도날드입니다.

사실 함부르크는 항구도시이기 때문에 고기잡이 어선들이 많이 들어서고 생선들도 다량으로 출하되는 곳입니다. 함부르크 지역에서는 예전부터 생선을 빵 사이에 끼워먹기도 했으며 이것이 미국에 전해져 미국식 패티를 끼워먹는 형태로 발전했다는 설도 있습니다. 한국에 햄버거가 처음 도입된 것은 한국전쟁 당시 한반도에 파병 주둔 중인 미군들이 미국식 햄버거를 먹게 된 것이 시초라고 합니다. 그러다가 1979년에 롯데리아가 개점하면서 본격적으로 햄버거 시장을 열게 되었으며 지금은 어딜가나 쉽게 먹을 수 있는 음식이 되었습니다.

Was wird heute Abend gespielt?
오늘 밤 어떤 공연이 있습니까?

기본회화

A : Mögen Sie Theater?
뫼겐　지　테아터

B : Ich mag Theater sehr gern.
이히　막　테아터　제어　게언

Was wird heute Abend gespielt?
봐스　비엇　호이테　아벤트　게슈필트

A : Heute Abend wird ein interessantes Theaterstück
호이테　아벤트　비엇　아인　인터레싼테스　테아터슈틱

gespielt.
게슈필트

B : Wie lange dauert die Vorstellung?
뷔　랑에　다우엇　디　포어슈텔룽

A : Ungefähr 3 Stunden.
웅게페어　드라이 슈툰덴

Zwischendurch gibt es eine halbe Stunde Pause.
쯔뷔쉔드루히　깁트　에스 아이네　할베　슈툰데　파우제

B : Kann ich für heute Abend Karten reservieren?
칸　이히 퓨어 호이테　아벤트　카르텐　레저비어렌

A : Schade, die Karten sind ausverkauft.
샤데　디 카르텐　진트　아우스페어카우프트

해석

A : 연극 좋아하세요?

B : 저는 연극을 아주 좋아합니다. 오늘 저녁에 무엇이 공연되지요?

A : 오늘 저녁에 재미있는 연극이 공연됩니다.　　B : 공연이 얼마나 걸리나요?

A : 대략 세 시간이요. 중간에 30분 휴식 시간이 있어요.　　B : 오늘 저녁 표를 예약할 수 있나요?

A : 안됐군요. 표가 완전 매진되었어요.

1. Was wird heute Abend gespielt? 오늘 저녁에 무엇이 공연됩니까?

수동태의 표현입니다. "무엇이 오늘 저녁에 공연됩니까?"라는 뜻으로, spielen 동사가 과거분사 형태로 문장 제일 뒤에 위치하고 수동 조동사는 werden을 사용합니다. spielen 동사는 '놀다' 이외에도 '공연하다', '연주하다' 등의 뜻이 있습니다.

2. Wie lange dauert die Vorstellung? 공연이 얼마나 걸리나요?

Wie lange ~?는 영어의 How long ~?처럼 시간의 길이를 나타냅니다. dauern 동사는 '(시간이) 지속되다', '(시간이) 걸리다'란 뜻으로서 보통 '시간이 얼마나 걸리는지'를 물을 때 사용합니다.

3. Zwischendurch gibt es eine halbe Stunde Pause.
중간에 30분의 휴식 시간이 있습니다.

es gibt ~는 '~이 있다'라는 뜻의 존재를 나타내는 표현입니다. zwischendurch는 부사로 '중간에', '그러는 사이에'라는 의미를 나타내며 'eine halbe Stunde'는 반 시간, 그러니까 30분의 시간을 나타냅니다.

4. Schade, die Karten sind ausverkauft. 안됐네요, 티켓이 매진되었어요.

Schade는 '안됐군요', '저런…' 등 감탄문에서 주로 사용하는 표현입니다. ausverkauft는 '매진된', '다 팔린'이란 뜻으로 티켓이나 상품, 식품들이 다 팔리고 없을 때 쓰는 단어입니다.

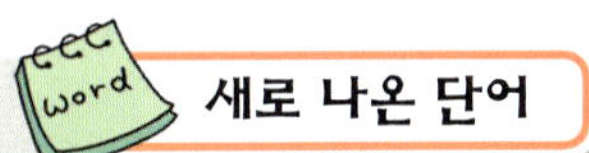

mögen 뫼겐	좋아하다	**dauert** 다우엇	(시간이) 걸리다
Theater 테아터	연극, 극장	⇒ dauern의 3인칭 형태	
wird 비엇	되다	**Vorstellung** 포어슈텔룽	공연
⇒ 수동 조동사 werden의 3인칭 형태		**ungefähr** 웅게페어	대략, 대충
gespielt 게슈필트	놀다, 공연하다	**zwischendurch** 쯔뷔쉔두루히	도중에
⇒ spielen의 과거분사 형태		**Pause** 파우제	휴식 시간
interessant 인터레쌴트	재미있는	**reservieren** 레저비어렌	예약하다
Theaterstück 테아터슈틱	연극 작품	**schade** 샤데	저런, 안됐군
wie lange 뷔 랑에	얼마나 오랫동안	**ausverkauft** 아우스페어카우프트	매진된

주요표현

laufen 동사는 '뛰다'의 의미 외에도 '(영화가) 상영되다', '(물이) 흐르다' 등의 다른 뜻이 있습니다.

Was läuft im Kino?
봐스 로이프트 임 키노
영화관에서 어떤 영화가 상영됩니까?

Gibt es interessante Filme zur Zeit?
깁트 에스 인터레싼테 필르메 쭈어 차잇
요즘 재미있는 영화가 있습니까?

Welcher Film ist jetzt beliebt?
벨혀 필름 이스트 옛츠트 벨립트
지금 어떤 영화가 인기 있습니까?

Wer sind die Hauptdarsteller?
베어 진트 디 하우프트다슈텔러
주연이 누구입니까?

Wann beginnt die letzte Vorstellung?
봔 베긴트 디 렛츠테 포어슈텔룽
마지막 공연이 언제 있나요?

목적어를 문장 앞으로 위치시킨 도치 문장입니다. 'finden A+B'는 'A를 B라고 생각하다'라는 뜻으로, "그 영화를 나는 아주 지루하다고 생각해."라고 이해하면 됩니다.

Den Film finde ich ziemlich langweilig.
덴 필름 핀데 이히 찜리히 랑봐일리히
난 그 영화가 지루하다고 생각해.

Haben Sie Stehplätze?
하벤 지 슈테에플렛쩨
입석이 있나요?

Wann beginnt der Vorverkauf?
봔 베긴트 데어 포어페어카우프
예매는 언제 시작합니까?

Zwei Tickets für heute Abend, bitte.
쯔바이 티켓츠 퓨어 호이테 아벤트 비테
오늘 저녁 티켓 두 장 주세요.

Kann ich Karten reservieren lassen?
칸 이히 카르텐 레저비어렌 라쎈
제가 표를 예매할 수 있습니까?

Der Film war ziemlich traurig.
데어 필름 봐 찜리히 트라우리히
그 영화는 아주 슬펐습니다.

Ist der Film spannend?
이스트 데어 필름 슈판넨트
그 영화 재미있니?

Das Konzert hat mir gefallen.
다스 콘체르트 핫 미어 게팔렌
그 콘서트가 마음에 들었습니다.

Ich gehe nicht so gern ins Konzert.
이히 게에 니히트 조 게언 인스 콘체르트
저는 콘서트에 가는 거 별로 안 좋아해요.

Wollen wir ins Kino gehen?
볼렌 뷔어 인스 키노 게엔
우리 영화 보러 갈까?

Wann haben Sie den Film gesehen?
봔 하벤 지 덴 필름 게제엔
그 영화를 언제 봤습니까?

주요표현 단어

läuft 로이프트	뛰다, 상영되다	**Stehplätze** 슈테에플렛쩨	입석
⇒ laufen(뛰다)의 3인칭 단수 형태		**Vorverkauf** 포어페어카우프	예매
es gibt 에스 깁트	~이 있다	**Tickets** 티켓츠	표, 티켓
zur Zeit 쭈어 차이트	현재, 요즘	**lassen** 라쎈	~하게 하다
beliebt 벨립트	인기 있는	**ziemlich** 찜리히	매우, 아주
Hauptdarsteller 하우프트다슈텔러	주연	**traurig** 트라우리히	슬픈
letzte 렛츠테	최근의, 마지막의	**spannend** 슈판넨트	재미있는
Vorstellung 포어슈텔룽	공연	**Konzert** 콘체르트	콘서트
langweilig 랑봐일리히	지루한		

수동문

수동문은 능동문과는 달리 행위자가 아닌, 행위를 강조할 때 사용되는 용법입니다. 능동문의 4격 목적어가 수동문의 주어가 되며 수동문의 기본 조동사는 werden이 사용되고 본동사는 과거분사로 후치합니다. 수동문의 기본 골격은 다음과 같습니다.

> **주어 + werden + (von + 3격) + ... + PII(과거분사).**

이를 토대로 예문을 통해 수동문에 대해 이해하도록 합시다.

Ich lese das Buch. 나는 책을 읽는다. (능동문)
Das Buch **wird** von mir **gelesen**. 그 책은 나에 의해서 읽혀진다. (수동문)

위의 문장에서 능동의 4격 목적어인 das Buch가 수동에서는 주어가 되었으며, 수동 조동사인 werden 동사는 주어의 인칭에 맞게 wird가 되고 문장 제일 끝에 lesen의 과거분사인 gelesen이 사용되었습니다. 능동의 주어인 ich는 수동에서 'von+3격(mir)'으로 변환됩니다.

● 상태수동

이미 종료된 행위의 결과를 서술하고자 할 때 상태수동이 쓰입니다. 일반수동이 행위의 과정이 강조된 것이라면 상태수동은 행위가 종료된 상태를 강조합니다. 상태수동은 조동사로 werden 대신 sein을 사용합니다.

Die Tür wird geschlossen. 문이 닫힌다. (일반수동 – 행위의 과정)
Die Tür **ist** geschlossen. 문이 닫혀진 상태다. (상태수동 – 행위가 종료된 상태)

● Es gibt ~ 용법

es gibt ~는 존재를 나타내는 용법으로서 '~이 있다'로 해석됩니다. es gibt 다음에는 보통 4격 명사가 뒤따르며 의미상 주어가 복수라고 해도 es gibt는 인칭변화를 하지 않습니다.

Es gibt einen Tisch. 책상 하나가 있다. (단수)
Es gibt viele Tische. 많은 책상들이 있다. (복수)

note

1. 다음 밑줄 친 곳에 알맞은 수동 조동사의 형태를 쓰시오.

> **Ich lese das Buch.** (능동)
>
> **Das Buch ＿＿＿＿＿＿＿＿ von mir gelesen.** (수동)

① werden ② werdet
③ wird ④ wirst

수동 조동사는 werden이며 3인칭 형태는 wird입니다.

2. 다음 수동 문장에서 과거분사의 형태를 올바르게 쓴 것은?

> **Was wird heute Abend ＿＿＿＿＿＿＿＿ ?**

① gespielen ② gespielt
③ gespielet ④ gespieltet

spielen 동사의 과거분사 형태는 gespielt입니다.

3. 다음 물음에 대한 답으로 올바른 것은?

> **A : Wie lange dauert die Vorstellung?**
> **B : ＿＿＿＿＿＿＿＿＿＿＿ .**

① Am Montag ② 2 Stunden
③ Dreimal pro Tag ④ Im Theater

"공연이 얼마나 오래 걸리느냐?"로 물었으므로 시간의 길이를 나타내는 표현을 사용해야 합니다.

4. 다음 문장의 의미에 맞게 (   ) 안에 알맞은 단어를 쓰시오.

표가 매진되었습니다.
Die Karten sind (＿＿＿＿＿＿＿).

정답

1. ③ 2. ② 3. ② 4. ausverkauft

여행(Reise) 관련 단어

Flugzeug 비행기
플룩쪼익

Flughafen 공항
플룩하펜

Visum 비자
비줌

Hotel 호텔
호텔

Koffer 여행용 가방
코퍼

Reisebus 관광버스
라이제부쓰

Reiseandenken
라이제안덴켄
여행기념품

Reisebegleiter
라이제베글라이터
여행가이드

Reisebüro 라이제뷔로	여행사	**Jugendherberge** 유겐트헤어베어게	유스호스텔
Ankunftszeit 안쿤프츠짜잇	도착시간	**Restaurant** 레스토랑	레스토랑
Abfahrtszeit 압파르츠짜이트	출발시간	**Wartesaal** 바르테잘	대기실
Fahrplan 파플란	운행시간표	**Sehenswürdigkeit** 제엔스뷔어디히카잇	관광지
Fahrt 파르트	운항, 운행	**Personalausweis** 페르조날아우쓰바이스	신분증
Fahrkarte 파카트테	차표	**Ausflug** 아우스플룩	소풍
Fahrschein 파샤인	차표	**Fahrkartenschalter** 파카르텐샬터	차표 창구
Reiseplan 라이제플란	여행안내서	**Gepäckkontrolle** 게펙콘트롤	화물 검사
Urlaub 우어라웁	휴가	**Gepäckannahme** 게펙안나메	수화물 접수
Ausland 아우스란트	외국	**Gepäckabfertigung** 게펙압페르티궁	수화물 발송
Pass 파쓰	여권	**Zollkontrolle** 쫄콘트롤	세관 검사
Reisepass 라이제파쓰	여권	**Zollbeamte** 쫄베암터	세관원
Gepäck 게팍	짐, 수하물	**Paßkontrolle** 파쓰콘트롤	여권 검사
Pension 팡지온	펜션, 여관	**Aufenthalt** 아우프엔트할트	체류
Gasthaus 가스트하우스	여관, 민박집	**Weltreise** 벨트라이제	세계여행

X-선 발견한 뢴트겐

누구나 살면서 X-Ray 촬영은 한번쯤 하게 됩니다. X-Ray는 보통 뼈에 이상이 생겼거나 이에 충치가 생겼을 때, 그리고 여러 가지 건강을 점검하기 위해 몸속을 찍어보는 검진방법입니다. 의사들의 대다수가 이 X-Ray 사진으로 환자의 상태를 판별합니다.

이런 X선을 최초로 발견한 사람이 바로 독일의 물리학자 '빌헬름 뢴트겐(Wilhelm Conrad Roentgen, 1845~1923)'입니다. 뢴트겐은 1895년 11월 전극을 연결해 마분지의 불투명도를 확인하는 실험에서 진공관에서 1미터 가량 떨어진 의자에 빛이 희미하게 비치는 것을 발견합니다. 이 빛의 정체를 알 수 없어 'X선'이라 불렀고, 얼마 후 아내의 손을 X선으로 찍는 실험을 합니다. 당시 자신의 뼈가 찍힌 사진을 본 뢴트겐의 아내는 놀라서 "나의 죽음을 보았다."고 소리를 질렀다고 합니다.

이런 일련의 실험을 거친 뒤 뢴트겐은 1895년 12월 28일 뷔르츠부르크 물리-의학학회지에 '새로운 종류의 광선에 관해서'라는 논문을 발표했으며 X선을 발견한 공로로 1901년 최초로 제정된 노벨 물리학상을 받게 됩니다.

뢴트겐은 도덕적으로도 뛰어난 위인이었습니다. 그는 자신이 개발한 X선 발생장치의 기술특허를 얻어 큰 돈을 벌 수 있었음에도 이를 무상으로 공개해 의학 발전에 큰 공헌을 했습니다. "X선은 자신이 발명한 것이 아니라 원래 있던 것을 발견한 것에 지나지 않으므로 온 인류가 공유해야 한다."는 것이 그의 지론이었습니다.

[뢴트겐과 X선으로 촬영된 그의 아내의 손]

기본회화

A : Wie wird das Wetter am Wochenende?
뷔 뷔엇 다스 베터 암 보헨엔데

B : Nach dem Wetterbericht soll es schön sein.
나흐 뎀 베터베리히트 졸 에스 쉔 자인

A : Wenn das Wetter schön ist, gehen wir bergsteigen!
뷘 다스 베터 쉔 이스트 게엔 비어 베어크슈타이겐

B : Das finde ich gut.
다스 핀데 이히 굿

Heute ist auch schönes Wetter, um einen Berg zu
호이테 이스트 아우흐 쉐네스 베터 움 아이넨 베어크 쭈

besteigen.
베슈타이겐

A : Wie oft besteigen Sie den Berg?
뷔 오프트 베슈타이겐 지 덴 베어크

B : Ich steige manchmal auf den Berg.
이히 슈타이게 만히말 아우프 덴 베어크

A : Schön! Das Bergsteigen ist gut für Ihre Gesundheit.
쉔 다스 베어크슈타이겐 이스트 굿 퓨어 이어레 게준트하잇

해석

A : 주말에 날씨가 어떨까요?

B : 일기예보에 의하면 좋다고 하던대요.

A : 날씨가 좋으면 등산하러 갑시다!

B : 그거 좋은 생각입니다. 오늘도 등산하기에는 좋은 날씨입니다.

A : 등산을 얼마나 자주 하시는데요?

B : 저는 등산을 자주 합니다.

A : 그렇군요! 등산이 당신의 건강에 좋을 겁니다.

1. Nach dem Wetterbericht soll es schön sein. 일기예보에 의하면 좋다고 합니다.

전치사 nach는 보통 '~후에'라고 하여 시간적 의미로 주로 사용되지만 '~에 의하면'이라는 뜻으로도 사용됩니다. sollen 동사도 '~라고 한다'는 뜻의 소문을 나타내는 용법으로 쓰였습니다.

2. Wenn das Wetter schön ist, gehen wir bergsteigen!

날씨가 좋다면 등산하러 갑시다!

wenn은 조건을 나타내는 접속사로서 영어의 if처럼 '~한다면'이라는 뜻입니다. bersteigen은 '등산하다'라는 뜻이며 gehen 동사는 원형동사와 함께 사용된다면 '~하러 가다'의 뜻으로 쓰입니다.

3. Heute ist auch schönes Wetter, um einen Berg zu besteigen.

오늘도 등산하기에는 좋은 날씨입니다.

'um ~ zu+Inf.(동사원형)'은 목적을 나타내는 구문으로 '~하기 위하여'로 해석됩니다. um einen Berg zu besteigen 구문은 '산에 오르기에는'으로 이해해야 자연스럽습니다.

4. Das Bergsteigen ist gut für Ihre Gesundheit. 등산은 당신의 건강에 좋습니다.

동사 bergsteigen(등산하다)을 그대로 명사화시키면 중성명사가 되며, '~에 좋다'는 표현의 전치사는 주로 für를 사용합니다. Gesundheit은 gesund(건강한)의 명사형입니다.

새로 나온 단어

Wetter 베터	날씨	**wie oft** 뷔 오프트	얼마나 자주
Wochenende 보헨엔데	주말	**Berg** 베어크	산
Wetterbericht 베터베리히트	일기예보	**steigen** 슈타이겐	오르다
bergsteigen 베어크슈타이겐	등산하다	**manchmal** 만히말	자주
um ~ zu 움 쭈	~를 위하여	**Bergsteigen** 베어크슈타이겐	등산
besteigen 베슈타이겐	(산에) 오르다	**Gesundheit** 게준트하잇	건강

Sind Sie schon auf den Hanrasan gestiegen?
진트 지 숀 아우프 덴 한라산 게슈티겐
한라산 등산한 적이 있나요?

Tip

현재완료로 표현한 문장으로 직역하면 "나는 이미 거기에 있었다."가 됩니다. 과거형을 사용하여 "Ich war da."라고 해도 됩니다.

Ja, ich bin schon dort gewesen.
야 이히 빈 숀 도어트 게붸젠
예, 벌써 가 봤습니다.

Wie ist das Wetter heute?
뷔 이스트 다스 베터 호이테
오늘 날씨가 어떻습니까?

Es ist schwül.
에스 이스트 슈뷜
무더운 날씨입니다.

Es ist feucht.
에스 이스트 포이히트
습한 날씨입니다.

Es ist neblig.
에스 이스트 네블리히
안개가 꼈네요.

Tip

Es는 zu 부정법을 가리킵니다. 분리동사 anfangen(시작하다)이 사용된 문장으로 zu 다음에는 동사의 원형이 쓰입니다.

Es fängt an, zu regnen.
에스 펭트 안 쭈 레그넨
비가 오기 시작합니다.

Es hat aufgehört, zu regnen.
에스 핫 아우프게회어트 쭈 레그넨
비가 그쳤습니다.

In Korea ist es im Sommer sehr heiß.
인 코레아 이스트 에스 임 좀머 제어 하이쓰
한국은 여름에 아주 덥습니다.

Wie war die Wettervorhersage?
뷔 봐 디 베터포어헤어자게
일기예보가 어땠나요?

Wie oft treiben Sie Sport?
뷔　오프트 트라이벤 지　슈포어트
얼마나 자주 운동하십니까?

Einmal pro Woche.
아인말　프로 보헤
일주에 한 번이요.

Das Jogging ist gut für die Gesundheit.
다스　조깅　　이스트 굿 퓨어 디　게준트하잇
조깅은 건강에 좋습니다.

Gehen Sie regelmäßig spazieren?
게엔　　지 레겔메씨히　　슈파찌어렌
규칙적으로 산책을 하십니까?

Interessieren Sie sich für Sport?
인터레씨어렌　　지 지히 퓨어 슈포어트
스포츠에 관심 있으세요?

Ich mag alle Sportarten.
이히 막　알레 스포어트아르텐
저는 모든 스포츠를 다 좋아하죠.

주요표현 단어

schon 숀	이미, 벌써	**regnen** 레그넨	비 오다
gestiegen 게슈티겐	오르다	**aufhören** 아우프회렌	중지하다, 그치다
⇒ steigen의 과거분사		**heiß** 하이쓰	뜨거운
dort 도어트	거기에	**Wettervorhersage** 베터포헤어자게	일기예보
gewesen 게붸젠	~이다	**Sport treiben** 슈포어트 트라이벤	운동하다
⇒ sein의 과거분사		**pro** 프로	~에, ~당
schwül 슈뷜	무더운	**Jogging** 조깅	조깅
feucht 포이히트	습한	**regelmäßig** 레겔메씨히	규칙적인
neblig 네블리히	안개 낀	**interessieren** 인터레씨어렌	관심을 갖다
anfangen 안팡엔	시작하다	**Sportarten** 스포어트아르텐	스포츠 종류

문법이야기

종속접속사 wenn

종속접속사는 부문장을 이끌며 주문장과 연결시켜 주는 역할을 하는 연결어입니다. 이때 부문장은 동사가 후치하는 구조입니다. 조건문을 이끄는 wenn, 원인문장을 이끄는 weil, 양보문을 이끄는 obwohl 등이 종속접속사에 해당합니다. 그중에서도 wenn의 사용 범위는 매우 크다고 할 수 있습니다.

Ich gehe nicht zur Schule, **wenn** es regnet.
비가 오면 나는 학교에 가지 않을 것이다.
Wenn ich in Berlin ankomme, besuche ich dich.
내가 베를린에 도착하면 너를 찾아갈게.

첫째 문장처럼 접속사 wenn이 이끄는 부문장이 주문장 뒤에 위치할 수도, 두 번째 문장처럼 주문장 앞에 위치할 수도 있습니다. 주문장 앞에 위치할 경우에는 주문장의 주어와 동사는 도치됩니다.

● **um ~ zu + Infinitiv(동사의 원형) 구문**

um ~ zu + Inf. 구문은 목적을 나타내는 용법으로 사용되며 '~를 위하여'라고 해석합니다. zu 부정법이 그 구문의 제일 뒤에 위치하는 것이 특징입니다.

Ich gehe ins Kino, **um** den Film **zu** sehen.
나는 그 영화를 보기 위해 극장에 간다.

하지만 다음 문장처럼 'um ~ zu + Inf.'가 앞에 위치하면 주문장의 주어와 동사는 도치됩니다.
Um im Ausland **zu** studieren, verließ er seine Heimat.
그는 외국에서 공부하기 위해 고향을 떠났다.

● **gehen + 동사의 원형 : ~하러 가다**

gehen이 다른 동사의 원형과 함께 쓰였을 때는 '~하러 간다'가 됩니다. 이때의 원형동사는 문장 제일 끝에 위치합니다.

Ich **gehe** am Vormittag **einkaufen**. 나는 오전에 장을 보러 간다.
Er **geht** nach dem Essen **schwimmen**. 그는 식사 후에 수영하러 간다.

note

wenn은 조건을 나타내는 접속사입니다.

1. 다음에 밑줄 친 부분의 뜻으로 적당한 것을 고르시오.

> **Wenn es stark regnet**, gehe ich nicht aus.

① 비가 많이 오는데도
② 비가 많이 온다면
③ 비가 많이 오기 때문에
④ 비가 많이 오더라도

um ~ zu 동사원형 구문은 '~하기 위하여'라는 뜻을 가진, 목적을 나타내는 구문입니다.

2. 다음 밑줄 친 부분의 올바른 뜻은?

> Mein Bruder fährt nach München, **um dort zu arbeiten.**

① 거기에서 일을 하기 위하여
② 거기에서 일을 하고 있기 때문에
③ 거기에서 일자리를 구한 다음에
④ 거기에서 일을 한 적이 있어서

gehen과 동사의 원형을 함께 쓰면 '~하러 가다'가 됩니다.

3. 다음 뜻에 맞도록 (   ) 안의 동사 형태로 올바른 것은?

> Ich gehe in die Disko (   ).

① tanze   ② tanzt
③ tanzen   ④ zu tanzen

형용사 gesund는 명사형 접미사인 -heit를 붙여서 명사를 만듭니다.

4. 다음 형용사의 명사형을 쓰시오.

gesund (건강한) — _________________ (건강)

정답

1. ②   2. ①   3. ③   4. Gesundheit

거주지/쇼핑(Wohnort/Einkaufen) 관련 단어

Obstladen 과일가게
옵스트라덴

Apotheke 약국
아포테케

Optikergeschäft
옵티커게쉐프트
안경점

Bäckerei 빵집, 제과점
베커라이

Blumenladen
블루멘라덴
꽃가게

Kleidergeschäft
클라이더게쉐프트
의류점

Schuhladen
슈라덴
신발가게

Spielwarengeschäft
슈필봐렌게쉐프트
완구점

Ort 오어트	장소	**Cent** 센트	센트(화폐단위)
Wohnort 본오어트	거주지	**Schein** 샤인	지폐
Stadt 슈탓	도시	**Münze** 뮌쩨	동전
Stadtmitte 슈탓미테	시내	**Portemonnaie** 포르테모네	지갑
Stadtzentrum 슈탓첸트룸	도심	**Preis** 프라이스	가격
Kirche 키어혜	교회	**Kasse** 카쎄	계산대
Rathaus 랏하우스	시청	**Supermarkt** 슈퍼마크트	슈퍼마켓
Dom 돔	돔, 대성당	**Kaufhaus** 카우프하우스	백화점
Markt 마크트	시장	**Laden** 라덴	가게
Marktplatz 마크트플랏츠	시장	**Fleischerei** 플라이셔라이	정육점
Mauer 마우어	성벽, 담	**Drogerie** 드로거리	잡화점
Park 파크	공원	**Reklame** 레클라메	광고, 선전
Kiosk 키오스크	매점	**Werbung** 베어붕	광고
Dorf 도어프	마을	**Käufer** 코이퍼	구매자
Geld 겔트	돈	**Verkäufer** 페어코이퍼	판매자
Euro 오이로	유로	**Quittung/Kassenbon** 크비퉁/카쎈봉	영수증

독일 엿보기

쾰른의 돔(Dom)

쾰른 중앙역에 내리면 바로 어마어마한 규모의 성당을 볼 수 있는데, 이것이 쾰른의 돔(Kölner Dom)입니다. 1248년 건축이 시작되어 1880년 완공되었으니 무려 600년 이상이 소요되었습니다. 높이 157,38미터, 세계에서 세 번째로 큰 고딕 성당이며, 1996년에는 유네스코 세계문화유산으로 등록되었습니다.

쾰른이라는 도시 이름이 시사하듯 이곳은 옛 로마시대의 식민지였습니다. 원래 쾰른 대성당이 있던 자리에는 870년경부터 로마네스크 양식의 성당이 있었다고 전해집니다. 하지만 이곳에 이탈리아 밀라노로부터 동방박사 세 사람의 유골이 이전되어 안치되자 수많은 순례자가 방문하기 시작했고, 결국 현재 쾰른 대성당의 초석이 이뤄졌다고 합니다. 2004년 이래 연간 600만 명 이상이 다녀갈 만큼 이젠 독일에서 가장 유명한 건축물이 되었습니다.

성당 내부 입장은 무료입니다. 그러나 수많은 종교 보물과 역사를 전시한 보물관(Schatzkammer)과 종탑 전망대는 유료로 입장할 수 있습니다. 좁은 계단을 여러 번 거쳐 종탑에 오르면 쾰른 시의 전경이 한눈에 보입니다. 대성당 주변에는 쾰른 중앙역과 호엔촐레른 철교, 루트비히 박물관, 로마 게르만 박물관 등이 있습니다.

[쾰른 대성당]

기본회화

A : **Was darf es sein?**
봐스　다르프　에스 자인

B : **Ich möchte diese Kamera umtauschen, die ich gestern**
이히　뫼히테　디제　카메라　움타우쉔　디　이히　게스턴

gekauft habe.　Sie funktioniert nicht.
게카우프트　하베　지　풍크치오니엇　니히트

A : **Haben Sie die Quittung dabei?**
하벤　지　디　크비퉁　다바이

B : **Hier ist die Quittung.**
히어　이스트 디　크비퉁

A : **Dann können Sie entweder umtauschen, oder das**
단　쾨넨　지　엔트베더　움타우쉔　오더　다스

Geld zurückbekommen.
겔트　쭈뤽베콤멘

B : **Ich möchte gern umtauschen.**
이히　뫼히테　게언　움타우쉔

A : **Kein Problem!**
카인　프로블렘

해석

A : 무엇을 도와드릴까요?

B : 어제 산 이 카메라를 교환하고 싶습니다. 작동이 안 되네요.

A : 영수증 가져오셨어요?　　　　　　　　　B : 영수증 여기 있습니다.

A : 그럼 교환하거나 환불받으실 수 있습니다.　　B : 교환하고 싶은데요.

A : 괜찮습니다.

1. Ich möchte diese Kamera umtauschen, die ich gestern gekauft habe. 어제 산 이 카메라를 교환하고 싶습니다.

관계대명사가 사용된 표현입니다. 선행사는 diese Kamera이며 여성 관계대명사 4격인 die가 관계 대명사로 쓰였습니다. 관계문장에서는 동사가 뒤로 후치합니다. umtauschen은 분리동사로 '교환 하다'라는 뜻입니다.

2. Haben Sie die Quittung dabei? 영수증 가져오셨어요?

상대에게 '영수증을 가지고 있는지'를 묻는 표현으로 dabeihaben은 '가지고 있다', '지참하다'라는 뜻입니다.

3. Dann können Sie entweder umtauschen, oder das Geld zurückbekommen. 그럼 교환하거나 환불받으실 수 있습니다.

'entweder A, oder B'는 'A이거나 B다'라는 뜻을 가진 문구로서 둘 중 하나만을 긍정할 때 쓰는 표 현입니다. umtauschen은 구입한 물건을 바꿀 때, 그리고 das Geld zurückbekommen은 환불받 을 때 사용됩니다.

4. Kein Problem! 문제 없습니다!

구입한 물건을 교환해도 문제없다는 말로서 고객의 선택을 존중하겠다는 의사표시 중 하나입니다. 상대가 실수를 했을 때 '괜찮습니다'라는 뜻으로도 사용됩니다.

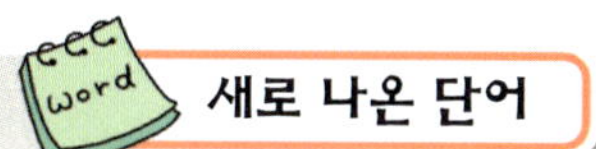

Kamera 카메라	카메라		**dabeihaben** 다바이하벤	가지고 있다
umtauschen 움타우쉔	교환하다		**entweder** 엔트베더	~이거나
funktioniert 풍크치오니어트	작동하다		⇒ oder와 함께 쓰임	
⇒ funktionieren의 3인칭 단수 형태			**Geld** 겔트	돈
Quittung 크비퉁	영수증		**zurückbekommen** 쭈뤽베콤멘	환불받다

주요표현

Können Sie mir das Geld zurückgeben?
쾨넨　　지　미어 다스 겔트　쭈뤽게벤
환불해 주실 수 있나요?

Das ist nicht in Ordnung.
다스　이스트 니히트 인 오어트눙
이것은 고장났습니다.

Die Rechnung stimmt nicht.
디　　레히눙　　　슈팀트　　니히트
계산이 맞지 않습니다.

Haben Sie etwas Billigeres?
하벤　　지　에트바스 빌리거레스
좀 더 싼 거 있나요?

Können Sie mit Bargeld bezahlen?
쾨넨　　지　밋　바겔트　　베짤렌
현금으로 계산해 주실 수 있나요?

Ich möchte dieses Produkt zurückgeben.
이히 뫼히테　디제스　프로둑트　쭈뤽게벤
이 물건을 반품하고 싶습니다.

Reparieren Sie es bitte.
레파리어렌　　지　에스 비테
수리해 주세요.

Erstatten Sie das Geld zurück.
에어슈타텐　지　다스 겔트　쭈뤽
환불해 주세요.

Kann ich es gegen ein anderes umtauschen?
칸　　이히 에스 게겐　아인 안더레스　움타우쉔
다른 것으로 바꿀 수 있습니까?

Können Sie den Preis etwas ermäßigen?
쾨넨　　지　덴　프라이스 에트바스 에어메씨겐
가격을 조금 깎아주실 수 있나요?

Tip

Ordnung은 '질서', '정돈'이란 뜻으로, '정상적인 상태'를 뜻합니다. Das ist nicht in Ordnung.은 "그것은 정상적인 상태에 있지 않다." 즉, 고장나거나 이상이 있을 때 사용되는 표현입니다.

Tip

zurückerstatten은 분리동사로 '환불하다'라는 뜻을 가지고 있습니다. 돈으로 환불을 요구할 때 사용할 수 있는 동사입니다.

fest는 '확정적인', '확고한'이
란 의미를 가지고 있는 형용사
로서, Preis와 결합되면 '정해진
가격', 즉 '정찰제'로 사용됩니
다. Preise는 Preis의 복수형입니
다.

'viel+비교급+als ~'는 '~보다
도 훨씬 ~한'이라는 뜻의 용법
입니다. als 이후 문장이 나올
때 동사는 후치합니다.

Wir haben feste Preise.
뷔어 하벤　페스테 프라이제
저희는 정찰제입니다.

Ich muss es mir noch überlegen.
이히 무스　에스 미어 노흐　위버레겐
좀 생각을 해 봐야겠는데요.

Können Sie es als Geschenk einpacken?
쾨넨　지 에스 알스 게쉥크　아인파켄
선물용으로 포장해 주실 수 있나요?

Das ist viel teurer als ich gedacht habe.
다스 이스트 필 토이러　알스 이히 게다흐트　하베
생각보다 훨씬 비싼데요.

Kann ich mit dieser Kreditkarte zahlen?
칸　이히 밋　디저　크레딧카르테　찰렌
이 신용카드로 계산할 수 있나요?

Können Sie es liefern?
쾨넨　지 에스 리펀
배달해 주실 수 있나요?

주요표현 단어

zurückgeben 쭈뤽게벤	되돌려주다	**ermäßigen** 에어메씨겐	할인하다
Ordnung 오어트눙	질서, 정돈	**überlegen** 위버레겐	심사숙고하다
Rechnung 레히눙	계산서	**einpacken** 아인파켄	포장하다
stimmt 슈팀트	맞다, 일치하다	**teurer** 토이러	비싼
Billigeres 빌리거레스	더 싼 것	⇒ teuer의 비교급	
Bargeld 바겔트	현금	**gedacht** 게다흐트	생각하다
bezahlen 베짤렌	지불하다	⇒ denken의 과거분사형	
Produkt 프로둑트	생산물, 상품	**Kreditkarte** 크레딧카르테	신용카드
reparieren 레파리어렌	수리하다, 고치다	**liefern** 리펀	배달하다
zurückerstatten 쭈뤽에어슈타텐	환불하다		

관계대명사

관계대명사는 공통명사를 가진 두 문장을 하나의 문장으로 이어줄 때 그 공통명사 중의 하나를 지시어로 나타낸 대명사입니다. 관계대명사의 형태는 다음과 같습니다.

	남성 (m.)	여성 (f.)	중성 (n.)	복수 (pl.)
1격	der	die	das	die
2격	dessen	deren	dessen	deren
3격	dem	der	dem	denen
4격	den	die	das	die

이를 바탕으로 관계대명사가 만들어지는 과정을 살펴보겠습니다.

(1) Der Mann steht auf der Strasse. 그 남자는 거리에 서 있다.

(2) Der Mann trägt einen Hut. 그 남자는 모자를 쓰고 있다.

위의 두 문장을 관계대명사를 이용한 한 문장으로 만들면 다음과 같은 형태가 됩니다.

Der Mann, **der** einen Hut trägt, steht auf der Strasse.

모자를 쓰고 있는 그 남자가 거리에 서 있다.

(2)관계문장은 (1)주문장의 Der Mann과 steht auf der Strasse 사이에 위치하게 되며, 관계문장에서 공통명사인 Der Mann은 관계대명사 처리하고 동사 trägt는 후치합니다. 이 문장구조는 관계문장이 주문장 내에서 삽입된 형태입니다. 관계대명사가 사용되는 관계문장의 구조와 특징은 다음과 같습니다.

■**구조** : 선행사 + ,(콤마) + **관계대명사** +... + **동사후치** + ,(콤마) + 정동사 + ...

■**특징 :**

1) 두 문장을 하나로 만들 때 공통적인 명사 중 하나가 관계대명사가 된다.

2) 관계문장의 맨 앞에 관계대명사가 위치하고 동사는 관계문장의 끝에 후치한다.

3) 관계대명사의 성과 수는 선행사에 맞추며, 격은 관계문장 내에서 결정된다.

4) 명사(선행사)의 뒤에 관계문장을 붙이고 명사와 관계대명사 사이에 항상
   콤마(,)를 사용한다.

1. 다음 관계대명사의 형태로 올바른 것을 고르시오.

> **Die Frau, _________ mir ein Geschenk gegeben hat, ist meine Mutter.**

① der   ② die
③ das   ④ den

2. ( ) 안에 알맞은 접속사를 써 넣으시오.

> **Sie können entweder zu Hause bleiben, (　　　　) ins Kino gehen.**

① und   ② aber
③ oder   ④ sondern

3. 다음 표현의 뜻으로 올바른 것은?

> **Das ist nicht in Ordnung.**

① 그것은 고장났습니다.
② 그것은 옳지 않습니다.
③ 그것은 문제가 많습니다.
④ 그것은 마음에 들지 않습니다.

4. 다음 문장에서 쓰인 als의 의미가 <u>다른</u> 하나를 고르시오.

① Bonn ist kleiner als Berlin.
② Es ist viel teurer als ich gedacht habe.
③ Können Sie es als Geschenk einpacken?
④ Im Sommer ist es in Korea heißer als in Deutschland.

정답

1. ② 2. ③ 3. ① 4. ③

note

관계대명사의 성은 선행사에 맞추고 격은 관계문장 내에서 결정합니다. die Frau는 여성이며 관계대명사 내에서 주격을 사용해야 합니다.

'entweder A, oder B'는 'A이거나 B'라는 뜻입니다.

Das ist nicht in Ordnung. 은 정상적인 상태가 아닌, 즉 이상이 있거나 고장났다는 의미입니다.

'비교급+als'는 '~보다 더'라는 의미이며, als 다음에 일반명사를 사용하는 경우에는 '~으로서'라는 뜻입니다.

학교/과목(Schule/Schulfach) 관련 단어

Schüler 학생
쉴러

Klassenzimmer 교실
클라쎈찜머

Schulhof 운동장
슐호프

Tafel 칠판
타펠

Kreide 분필
크라이데

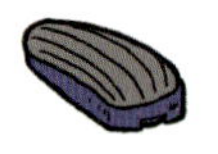

Schwamm 지우개
슈밤

Buch 책
부흐

Tasche 가방
타쉐

Schülerin 쉴러린	여학생	**Spanisch** 슈파니쉬	스페인어
Unterricht 운터리히트	수업	**Latein** 라타인	라틴어
Klasse 클라쎄	학급, 학년	**Griechisch** 그리히시	그리스어
Heft 헤프트	공책	**Mathematik** 마테마틱	수학
Blatt 블라트	종이	**Chemie** 헤미	화학
Winterferien 뷘터페리언	겨울방학	**Physik** 피직	물리
Sommerferien 좀머페리언	여름방학	**Biologie** 비올로기	생물
Grundschule 그룬트슐레	초등학교	**Geographie** 게오그라픽	지리
Lehrer 레러	교사	**Geschichte** 게쉬히테	역사
Lehrerin 레러린	여교사	**Musik** 무직	음악
Englisch 엥글리쉬	영어	**Kunst** 쿤스트	예술
Deutsch 도이취	독일어	**Sport** 스포엇	체육
Französisch 프란쬐지쉬	프랑스어	**Sozialkunde** 쪼찌알쿤데	사회
Italienisch 이탈리에니쉬	이탈리아어	**Religion** 렐리기온	종교
Russisch 루씨쉬	러시아어	**Erdkunde** 에엇쿤데	지리

독일의 예절

나라마다 예절문화가 다릅니다. 로마에 가면 로마의 법을 따르라는 말이 있듯이 독일에서도 독일의 문화와 예절에 적응하고 익숙해져야 생활이 편해집니다. 기본적인 에티켓만 알고 있으면 큰 실수를 피할 수 있습니다.

일단 식사 시에 지켜야 할 것 중 한국과 독일의 가장 큰 차이라면 소리를 내며 식사하는 것입니다. 쩝쩝 소리를 내는 행위는 국물이 많은 한국에서는 어느 정도 이해되는 측면이 있지만 독일에서는 남에게 피해를 주는 것으로 인식합니다. 큰 소리로 떠들며 대화하는 것도 피해야 하고 특히 트림을 하지 않도록 각별히 주의해야 합니다. 음식점에서 식사할 때에는 서비스해 준 직원에게 음식 값의 10% 정도 팁을 주는 것도 잊지 말아야 합니다. 물론 서비스가 불만족스러울 때는 주지 않아도 됩니다.

파티에서 처음 만나는 사람들이 만나 대화를 할 때에도 개인 사생활에 포함되는 내용은 피해야 합니다. 연인 관계인 사람들에게 "너희들 언제 결혼할 거야?"라든지 수입 수준, 소유 자동차나 집에 대해 묻는 것은 에티켓에 어긋나는 질문이며 정치나 종교문제처럼 논쟁의 소지가 많은 주제도 피해야 합니다.

독일인들과 만날 때 "식사는 했냐?"는 표현도 금해야 합니다. "밥 먹었니?"는 우리나라에서는 자연스런 인사말이지만 독일에서는 상대를 '먹는 것밖에 모르는 속물'로 인식하게 할 가능성이 있습니다. 선물을 할 때도 장례식을 연상케 하는 흰색, 검은색 포장지는 피하며 꽃 선물의 경우는 꽃을 홀수로 준비하는 것이 좋습니다.

Ist das Zimmer noch frei?
방이 아직 있습니까?

기본회화

A : **Hallo, ich habe die Anzeige in der Zeitung gelesen.**
할로 이히 하베 디 안짜이게 인 데어 차이퉁 겔레젠

Ist das Zimmer noch frei?
이스트 다스 찜머 노흐 프라이

B : **Ja, es ist noch frei.**
야 에스 이스트 노흐 프라이

A : **Kann ich mal das Zimmer besichtigen?**
칸 이히 말 다스 찜머 베지히티겐

B : **Heute können Sie noch kommen.**
호이테 쾨넨 지 노흐 콤멘

A : **Ich hätte aber noch ein paar Fragen. Wie hoch ist die Miete?**
이히 헤테 아버 노흐 아인 파 프라겐 뷔 호흐 이스트 디 미테

B : **Die Miete kostet 700 Euro pro Monat, und die**
디 미테 코스텟 지벤 훈더트 오이로 프로 모낫 운트 디

Nebenkosten sind extra.
네벤코스텐 진트 엑스트라

A : **Vielen Dank für die Information. Wann kann ich kommen?**
필렌 당크 퓨어 디 인포마치온 반 칸 이히 콤멘

B : **Sie können bis 15 Uhr kommen, wenn Sie da Zeit haben.**
지 쾨넨 비스 퓐프첸 우어 콤멘 벤 지 다 차이트 하벤

해석

A : 안녕하세요. 신문에서 광고를 봤는데요. 방이 아직 있나요? B : 예, 아직은 있습니다.

A : 방 좀 볼 수 있을까요? B : 오늘 오셔도 됩니다.

A : 그런데 뭐 좀 물어볼 게 있는데요. 월세가 얼마죠?

B : 한 달에 700유로예요. 부대비용은 별도입니다.

A : 알려주셔서 감사합니다. 제가 언제 갈 수 있을까요? B : 시간이 괜찮으시면 15시까지 오세요.

1. Ist das Zimmer noch frei? 방이 아직 있나요?

frei는 기본적으로 '자유로운'이라는 뜻을 가지고 있지만 '비어 있는', '남에 의해 점유되어 있지 않은'이라는 뜻으로도 사용됩니다. 방 구하는 사람이 '방이 아직 비어 있는지' 물을 때 사용하는 표현입니다.

2. Ich hätte aber noch ein paar Fragen. 뭐 좀 물어볼 게 있습니다.

hätte는 haben 동사에 대한 접속법 2식 형태로 '~하면 좋겠다'라는 의미를 가지고 있습니다. 여기서는 '몇 가지 질문을 했으면 한다'로서 결국 '물어볼 게 있다'는 의미입니다. ein paar는 '몇몇의'라는 뜻입니다.

3. Wie hoch ist die Miete? 월세는 얼마인가요?

월세를 물을 때는 was kostet ~ 형식보다는 wie hoch를 주로 사용합니다. '월세 수준이 얼마나 높은가'를 묻는 것입니다. Miete는 주택 임대시 월별로 지불해야 하는 월세를 뜻합니다.

4. Die Nebenkosten sind extra. 부대비용은 별도입니다.

Nebenkosten은 난방비나 수도요금 등 월세 이외에 추가로 지불해야 하는 비용을 의미합니다. 이러한 부대비용은 월세에 포함되어 있지 않는 것이 보통이므로 별도(extra)로 계산해야 합니다.

새로 나온 단어

Anzeige 안짜이게	광고	**hoch** 호흐	높은
Zeitung 차이퉁	신문	**Miete** 미테	월세
mal 말	한번, 좀	**Monat** 모낫	월, 달
besichtigen 베지히티겐	구경하다	**Nebenkosten** 네벤코스텐	부대비용
hätte 헤테	~하면 좋겠다	**extra** 엑스트라	별도로
⇒ haben의 접속법 2식 형태		**Information** 인포마치온	안내, 정보
ein paar 아인 파	몇몇의		

Ich suche ein Zimmer.
이히 주헤　　아인 찜머
방을 하나 구하는데요.

Tip

hätte gern은 '~하면 좋겠다'를 표현하는 접속법 2식 형태입니다. "발코니가 딸린 방을 가지면 좋겠다." 즉, 직설법에서는 '아직 안 가지고 있음'을 나타냅니다.

Ich hätte gern ein Zimmer mit Balkon.
이히 헤테　게언　아인 찜머　　밋　발콘
베란다가 딸린 방이면 좋겠습니다.

Ist das Zimmer möbliert?
이스트 다스 찜머　　뫼블리어트
가구가 있는 방인가요?

Haben Sie noch helleres?
하벤　　지 노흐　　헬러레스
좀 더 밝은 방 있나요?

Wie viel Quadratmeter hat die Wohnung?
뷔　필 크바드랏메터　　　핫 디 보눙
방 크기가 몇 평방미터입니까?

Sind die Nebenkosten in der Miete inklusive?
진트 디 네벤코스텐　　　인 데어 미테　인클루지베
부대비용이 월세에 포함되어 있습니까?

Tip

Kaution은 '보증금'으로서 이사 나갈 때 되돌려주는 금액이며, 독일에서는 집주인이 보통 3개월치 월세를 미리 보증금으로 받아둡니다.

Wie hoch ist die Kaution?
뷔　호흐　이스트 디 카우치온
보증금은 얼마입니까?

Die Kaution beträgt drei Monatsmieten.
디　카우치온　베트렉트 드라이 모낫츠미텐
보증금은 3개월치 월세에 해당합니다.

Für Strom müssen Sie extra bezahlen.
퓨어 슈트롬　뮈쎈　　지　엑스트라 베짤렌
전기요금은 따로 내야 합니다.

Wann wollen Sie einziehen?
반　볼렌　지 아인찌엔
언제 입주하려고 합니까?

'언제부터~'라고 물을 때는 보통 ab wann을 사용합니다. ab은 일정한 시간이나 공간의 기준에서 출발함을 의미합니다.

renovieren은 '개축하다', '단장하다'는 뜻을 가지고 있으며 한국적 개념으로는 '도배하다'가 적당합니다. 과거분사로 만든 형용사가 바로 renoviert(도배된, 단장된)입니다.

Ab wann ist das Zimmer frei?

압 봔 이스트 다스 찜머 프라이

언제부터 방이 비죠?

Kann man den Parkplatz benutzen?

칸 만 덴 파크플랏츠 베눗쩬

주차장 이용할 수 있습니까?

Ist die Wohnung renoviert?

이스트 디 보눙 레노비어트

집이 새로 단장된 상태인가요?

Können wir einen Mietvertrag machen?

쾨넨 비어 아이넨 밋트어트락 마헨

우리 임대 계약할 수 있을까요?

Hier müssen Sie das Formular ausfüllen.

히어 뮈쎈 지 다스 포물라 아우스퓔렌

여기서 이 서류를 작성해야 합니다.

Schliessen wir den Mietvertrag gleich ab.

슐리쎈 비어 덴 밋트어트락 글라이히 압

지금 바로 임대 계약하도록 합시다.

주요표현 단어

단어	뜻	단어	뜻
suchen 주헨	구하다, 찾다	**Strom** 슈트롬	전기
hätte gern 헤테 게언	~하면 좋겠다	**extra** 엑스트라	별도로
Balkon 발콘	베란다, 발코니	**einziehen** 아인찌헨	입주하다
möbliert 뫼블리어트	가구가 딸린	**ab** 압	~부터
helleres 헬러레스	더 밝은 것	**Parkplatz** 파크플랏츠	주차장
Quadratmeter 크바드랏메터	평방미터	**renoviert** 레노비어트	단장된, 도배된
inklusive 인클루지베	포함된	**Mietvertrag** 밋트어트락	임대계약
Kaution 카우치온	보증금	**Formular** 포물라	양식, 서류
beträgt 베트렉트	~에 달하다	**ausfüllen** 아우스퓔렌	작성하다
⇒ betragen의 3인칭 단수 형태		**abschliessen** 압슐리쎈	체결하다

접속법 2식

독일어의 접속법은 크게 접속법 1식, 접속법 2식으로 나뉘며, 접속법 1식은 간접화법으로 사용되고, 접속법 2식은 가정, 추측, 기원, 소망 등을 나타내는 가정법으로 사용됩니다. 접속법 1식보다 2식의 활용범위가 훨씬 더 크기 때문에 접속법 2식을 중심으로 학습하는 것이 좋습니다. 접속법 2식은 영어의 가정법처럼 주로 '~한다면', '했더라면' 혹은 '~할 텐데', '~했을 텐데'와 같이 현재, 혹은 과거 사실의 반대 상황을 추측하고 가정하는 데 쓰입니다.

기본적으로 접속법 2식의 인칭변화 형태는 다음과 같습니다. 여기서는 가장 많이 사용되는 동사를 중심으로 접속법 2식 형태를 소개합니다. 접속법 2식은 동사의 과거형으로 만든다는 사실을 주목해야 합니다.

	어미변화	sein	haben	werden
ich	**-e**	wäre	hätte	würde
du	**-est**	wär(e)st	hättest	würdest
er / sie / es	**-e**	wäre	hätte	würde
wir	**-en**	wären	hätten	würden
ihr	**-et**	wär(e)t	hättet	würdet
sie / Sie	**-en**	wären	hätten	würden

● 직설법과 접속법 2식 비교

접속법의 쓰임을 좀 더 명확히 확인하려면 직설법과 비교하여 이해하는 것이 좋습니다.

Ich habe ein Auto. 나는 자동차를 가지고 있다. (직설법 현재)
Ich hätte gern ein Auto. 나는 자동차를 가졌으면 한다. (접속법 2식)

위의 문장에서 접속법 2식은 '현실에서는 가지고 있지 않지만 가졌으면 좋겠다'는 바람이나 가정을 나타냅니다. 그러므로 접속법 2식을 사용한 이 문장은 현재 사실의 반대 상황을 가정하는 가정문으로 주로 이용됩니다.

1. 다음 물음에서 가장 어울리는 형용사를 고르시오.

> **Wie (　　　) ist die Miete?**

① lange　　　　　② viel
③ groß　　　　　④ hoch

2. 다음 밑줄 친 부분에 대한 접속법 2식 형태를 고르시오.

> **Ich habe aber noch ein paar Fragen.**

① hatte　　　　　② hätte
③ hätten　　　　　④ hatten

3. 다음 문장 대한 의미를 바르게 표현한 것은?

> **Ist das Zimmer noch frei?**

① 방이 깨끗한가요?
② 방이 아직 있나요?
③ 방값이 공짜인가요?
④ 방을 구하기 쉬운가요?

4. 다음 (　) 안에 알맞은 형용사를 써 넣으시오.

부대비용은 별도입니다.
Die Nebenkosten sind (　　　).

정답

1. ④　　　2. ②　　　3. ②　　　4. extra

대학/전공과목(Universität/Fach) 관련 단어

Dozent 강사
도쩬트

Dozentin 여강사
오쩬틴

Student 대학생
슈트덴트

Studentin 여대생
슈트덴틴

Vorlesung 강의
포어레중

Praktikum 실습
프락티쿰

Hörsaal 청강실
회어잘

Bibliothek 도서관
비블리오텍

Seminar 제미나	세미나	**Maschinenbau** 마쉬넨바우	기계공학
Seminarraum 제미나라움	세미나실	**Mathematik** 마테마틱	수학
Semester 제메스터	학기	**Medizin** 메디찐	의학
Semesterferien 제메스터페리언	방학	**Naturwissenschaft** 나투어비쎈샤프트	자연과학
Anglistik 앙글리스틱	영문학	**Sozialwissenschaft** 쪼찌알비쎈샤프트	사회학
Psychologie 쮜숄로기	심리학	**Ökonomie** 외코노미	경제
Staatsexamen 슈탓엑잠	국가고시	**Pädagogik** 페다고긱	교육학
Elektrotechnik 엘렉트로테히닉	전자공학	**Pharmazie** 파르마찌	약학
Fachdidaktik 파흐디닥틱	교수법	**Philosophie** 필로조피	철학
Germanistik 게르마니스틱	독어독문학	**Physik** 피직	물리학
Informatik 인포마틱	정보학	**Theologie** 테올로기	신학
Jurastudium 유라스튜디움	법학	**Sprachwissenschaft** 슈프라흐비쎈샤프트	언어학
Lehramt 레어암트	교직		
Linguistik 린구이스틱	언어학	**Wirtschaftswissenschaft** 뷔엇샤프트뷔쎈샤프트	경제학
Literatur 리테라투어	문학		

독일 항공사 루프트한자(Lufthansa)

독일이 자랑하는 유럽 최대의 항공사입니다. 항공사 연합체인 스타얼라이언스의 창립 멤버이며, 현재 4개 대륙에 걸쳐 73개국 165개 목적지에 취항하고 있습니다. 루프트한자를 이용하는 승객의 수도 연간 약 8,000만 명에 달한다고 합니다. 루프트한자는 쾰른에 본사를 두고 있고, 프랑크푸르트, 뮌헨 및 뒤셀도르프에 허브를 갖추고 있으며, 직원 수는 55,000명 이상, 항공기 보유 대수는 424대에 달합니다. 2025년까지 225대를 증편한다고 합니다.

루프트한자(Lufthansa)는 air를 뜻하는 독일어 Luft와 중세 독일의 상업적 도시 연맹인 한자동맹에서 따온 Hansa를 합쳐서 만들어진 이름입니다.

루프트한자는 1953년 서독 정부의 주도하에 루프탁(Luftag) 항공이란 이름으로 처음 설립되었고, 1951년에 파산해 유동화된 상태였던 도이치 루프트한자(Deutsche Lufthansa)의 사명과 로고를 1954년에 30,000서독 마르크에 구매해 루프트한자가 됐다고 합니다. 1955년 4월 1일 독일 국내선에 취항한 것을 시작으로, 5월 15일부터는 유럽 내 국제선, 6월 1일부터는 뉴욕행 노선 운항을 시작으로 사세를 확장해 오늘날 세계에서도 손꼽히는 대형 항공사로 발돋움했습니다.

[루프트한자 보잉 747-8 항공기]

루프트한자는 최근 환경 보호에 관심을 기울여 연료 효율성을 채택한 항공기를 운항하고 있다고 합니다. 업계에서 가장 환경 친화적인 여객기로 손꼽히는 보잉 747-8과 Airbus A380을 장거리 항공편에 투입하고 있습니다.

Ich möchte diesen Brief nach Hamburg schicken.

이 편지를 함부르크로 보내고 싶습니다.

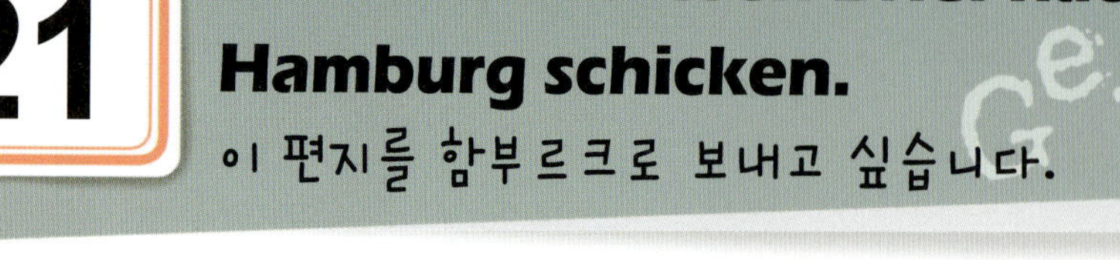

기본회화

A : **Ich möchte diesen Brief nach Hamburg schicken.**
이히 뫼히테　디젠　브리프 나흐　함부어크　쉬켄

Muss ich diesen Brief mit einem Euro frankieren?
무스　이히 디젠　브리프 밋　아이넴　오이로 프랑키어렌

B : **Nein, das brauchen Sie nicht. Fünfundfünfzig genügen.**
나인　다스 브라우헨　지 니히트　핀프운트퓐프찌히　게뉘겐

A : **Ich möchte ihn per Einschreiben senden. Was kostet das?**
이히 뫼히테　인　페어 아인슈라이벤　젠덴　봐스 코스텟 다스

B : **Für das Einschreiben müssen Sie zusätzlich zwei Euro**
퓨어 다스 아인슈라이벤　뮈쎈　지 쭈젯츨리히　쯔바이 오이로

fünf bezahlen.
퓐프 베짤렌

A : **Ich möchte auch noch dieses Päckchen nach Korea schicken.**
이히 뫼히테 아우흐 노흐 디제스 펙헨　나흐 코레아 쉬켄

B : **Legen Sie bitte Ihr Päckchen auf die Waage!**
레겐　지 비테 이어 펙헨　아우프 디 봐게

Das macht zwölf Euro neunzig.
다스 마흐트 쯔뵐프 오이로 노인찌히

A : 이 편지를 함부르크로 보내고 싶은데요. 이 편지에 1유로짜리 우표를 붙여야 하나요?

B : 아뇨, 그러실 필요 없습니다. 55센트면 충분합니다.

A : 등기로 보내고 싶은데 얼마입니까?

B : 등기로 보내시려면 추가로 2유로 5센트를 지불하셔야 합니다.

A : 이 소포도 한국으로 보내고 싶은데요.

B : 소포를 저울에 올려주세요. 12유로 90센트입니다.

1. Muss ich diesen Brief mit einem Euro frankieren?

이 편지에 1유로짜리 우표를 붙여야 하나요?

화법조동사 müssen이 사용된 문장이며 frankieren 동사는 '우표를 붙이다'라는 뜻입니다. mit einem Euro frankieren은 '1유로짜리 우표를 붙이다'라고 이해하면 됩니다.

2. Ich möchte ihn per Einschreiben senden. 그 편지를 등기로 보내고 싶습니다.

이 문장에서 ihn은 남성명사 den Brief를 가리키는 4격 대명사이며 per Einschreiben은 '등기로'라는 뜻입니다. per 다음에는 보통 통신수단이 나옵니다. per E-Mail(이메일로), per Post(우편으로) 등이 이에 해당합니다.

3. Legen Sie bitte Ihr Päckchen auf die Waage! 소포를 저울에 올려놓으세요!

존칭명령형 문장입니다. auf는 3, 4격 전치사로서 여기서는 저울 쪽으로 올려 놓으려면 목적어가 장소의 이동을 해야 하므로 4격이 사용됩니다. Päckchen은 '작은 소포물'입니다.

4. Das macht zwölf Euro neunzig. 12유로 90센트입니다.

가격에 대한 물음 Was kostet das?(얼마예요)에 대한 대답으로 Das kostet ~이 주로 이용되지만 Das macht ~도 종종 이용되는 표현입니다.

새로 나온 단어

Brief 브리프	편지	**senden** 젠덴	보내다
schicken 쉭켄	보내다	**zusätzlich** 쭈젯츨리히	추가로
frankieren 프랑키어렌	우표를 붙이다	**bezahlen** 베짤렌	지불하다
brauchen 브라우헨	필요로 하다	**Päckchen** 펙헨	(작은) 소포
genügen 게뉘겐	충분하다	**legen** 레겐	놓다, 두다
per 페어	~로	**Waage** 봐게	저울
Einschreiben 아인슈라이벤	등기		

Wo ist die Post?
보　이스트 디 포스트
우체국이 어디에 있습니까?

Ich suche eine Post.
이히 주헤　아이네 포스트
우체국을 찾고 있습니다.

Wo ist der Briefkasten?
보 이스트 데어 브리프카스텐
우체통이 어디에 있습니까?

Um wie viel Uhr schließt das Postamt?
움　뷔　필　우어 슐리히트　다스 포스트암트
우체국은 몇 시에 닫아요?

Porto는 '우편요금'을 뜻하는 말입니다. 편지의 경우 우체국에서는 우표로 우편요금을 대신하므로 우표요금으로 이해해도 좋습니다.

Wie hoch ist das Porto?
뷔　호흐　이스트 다스 포르토
우표는 얼마입니까?

Wie viel muß ich draufkleben?
뷔　필　무쓰　이히 드라우프클레벤
얼마짜리 우표를 붙여야 합니까?

Zehn Briefmarken zu fünfundfünfzig Cent!
첸　브리프마르켄　쭈 퓐프운트퓐프찌히　센트
55센트짜리 우표 10장 주세요!

항공우편으로 보내고자 할 때는 mit Luftpost나 per Luftpost를 씁니다. Luft는 '공기', '대기' 외에도 '항공'이란 뜻을 가지고 있습니다.

Mit Luftpost bitte!
밋　루프트포스트 비테
항공우편으로 부탁합니다!

Ich möchte dieses Paket nach Bonn senden.
이히 뫼히테　디제스　파켓　나흐 본　젠덴
이 소포를 본으로 보내고 싶은데요.

Was ist in diesem Paket?
봐스 이스트 인 디젬　파켓
이 소포 안에 무엇이 있나요?

Formula ausfüllen은 '서류를 작성하다'라는 뜻으로 여기서는 존칭 명령형으로 사용되었습니다.

Füllen Sie bitte dieses Formular aus.
필렌　지　비테　디제스　포물라　아우스
이 서류를 작성해 주세요.

Was kostet das per Einschreiben?
봐스　코스텟　다스 페어 아인슈라이벤
등기로 부치면 얼마입니까?

Wie viel kostet eine Postkarte?
뷔　필　코스텟　아이네 포스트카르테
우편엽서 하나가 얼마죠?

Ich hätte gern drei Postkarten.
이히 헤테　게언　드라이 포스트카르텐
우편엽서 3장 주세요.

Wie ist Ihre E-Mail Adresse?
뷔　이스트 이어레 이메일　아드레쎄
당신의 이메일 주소가 어떻게 됩니까?

Kann ich hier mal eine E-Mail abrufen?
칸　이히 히어 말　아이네 이메일　압루펜
여기서 제가 이메일을 확인할 수 있나요?

abrufen은 '호출하다'라는 뜻으로 이메일을 호출하는 행위는 곧 이메일 확인하는 행위로 이해할 수 있습니다.

주요표현 단어

Post 포스트	우체국, 우편	**zu** 쭈	～짜리
Briefkasten 브리프카스텐	우체통	**Cent** 센트	센트(유럽 화폐단위)
schließt 슐리히트	닫다	**Luftpost** 루프트포스트	항공우편
⇒ schließen(닫다)의 3인칭 단수 형태		**Paket** 파켓	소포
Postamt 포스트암트	우체국	**Einschreiben** 아인슈라이벤	등기
Porto 포르토	우편요금	**E-Mail** 이메일	이메일, 전자우편
draufkleben 드라우프클레벤	～에 붙이다	**Adresse** 아드레쎄	주소
Briefmarken 브리프마르켄	우표	**abrufen** 압루펜	불러내다, 확인하다

지시대명사 dies- / jen-

지시대명사 dies-(이것, 이 사람)나 jen-(저것, 저 사람)은 사람과 사물을 가리킬 때 사용되며 시간이나 공간적으로 가까운 곳에는 dies-, 먼 곳에는 jen-을 사용합니다. 이 지시대명사는 정관사 어미변화를 합니다.

	남성 (m.)		여성 (f.)		중성 (n.)		복수 (pl.)	
1격	dieser	jener	diese	jene	dieses	jenes	diese	jene
2격	dieses	jenes	dieser	jener	dieses	jenes	dieser	jener
3격	diesem	jenem	dieser	jener	diesem	jenem	diesen	jenen
4격	diesen	jenen	diese	jene	dieses	jenes	diese	jene

이 지시대명사는 명사와 함께 쓰이기도 하며 명사 없이 독립적으로 쓰이기도 합니다.

Dieser Mann ist gross, **jener** ist klein.
이 남자는 크고 저 남자는 작다.
Dieses ist interessant, **jenes** ist langweilig.
이것은 재미있고 저것은 재미없다.

또한 dies는 성과 수에 관계없이 어미변화하지 않고 사용되기도 하고 때로는 문장 전체를 받기도 합니다.

Dies ist seine Wohnung.
이것은 그의 집이다.
Dies sind meine Kinder.
이들은 내 아이들이다.
Sie hat die Einladung abgelehnt. **Dies** hat alle überrascht.
그녀는 초대를 거절했다. 이것은 모든 사람들을 놀라게 했다.

연습문제

1. 다음 문장에서 지시대명사의 올바른 형태를 고르시오.

> **Ich möchte (   ) Brief nach Hamburg schicken.**

① dieser　　　　　　② diesem

③ diesen　　　　　　④ dieses

2. 다음 밑줄 친 동사의 뜻으로 올바른 것은?

> **Muss ich diesen Brief mit einem Euro frankieren?**

① 계산하다　　　　　② 보내다

③ 동봉하다　　　　　④ 우표를 붙이다

3. 다음 밑줄 친 부분에 적합한 전치사와 정관사로 짝지어진 것은?

> **Legen Sie bitte Ihr Päckchen ___________ Waage!**

① an der　　　　　　② auf der

③ an die　　　　　　④ auf die

4. 다음 유로화를 독일어로 읽은 것 중 올바른 것은?

> **Das macht 26,50 €.**

① sechsundzwanzig Euro fünfzig

② sechsundzwanzig, fünfzig Euro

③ sechsundzwanzig Euro fünfzig Cent

④ fünfzig Cent und sechsundzwanzig Euro

정답

1. ③　　　2. ④　　　3. ④　　　4. ①

사교(Unterhaltung)/그룹(Grup)/문화(Kultur) 관련 단어

Oper 오페라
오퍼

Film 영화
필름

Konzert 콘서트
콘쩨어트

Fussball 축구
푸쓰발

Tennis 테니스
테니스

Tischtennis 탁구
티쉬테니스

Klavier 피아노
클라비어

Gitarre 기타
기타레

Party 파티	파티	**Museum** 무제움	박물관
Feier 파이어	휴일	**Ausstellung** 아우스슈텔룽	전시
Fest 페스트	축제	**Vorstellung** 포어슈텔룽	공연
Fete 페테	향응	**Symphonie** 짐포니	교향곡
Sitzung 짓쭝	회의	**Flügel** 플뤼겔	오르간
Konferenz 콘퍼렌쯔	회의	**Geige** 가이게	바이올린
Gast 가스트	손님	**Violine** 비올리네	바이올린
Teilnehmer 타일네머	참가자	**Flöte** 플뤠테	피리
Besuch 베주흐	방문	**Gesang** 게장	성악
Einladung 아인라둥	초대	**Sporthalle** 슈포트할레	체육관
Geburtstag 게부어츠탁	생일	**Schwimmhalle** 쉬빔할레	수영장
Unterhaltung 운터할퉁	오락, 대화	**Fussballspiel** 푸쓰발슈필	축구경기
Kino 키노	영화관	**Stadion** 슈타디온	경기장
Theater 테아터	극장	**Zuschauer** 쮸샤우어	관람객
Theaterstück 테아터슈튝	연극, 희곡	**Galerie** 갈러리	화랑

브란덴부르크 문(Brandenburger Tor)

　브란덴부르크 문은 오늘날 독일 베를린의 상징입니다. 수많은 관광객들이 베를린을 방문할 때 꼭 찾는 명소이기도 합니다. 높이 26미터 가로 길이 약 65미터인 브란덴부르크 문은 건축가 칼 고트하르트 랑한스(Carl Gotthard Langhans)에 의해 1788년부터 1791년까지 건설되었으며, 아테네 아크로폴리스를 본떠서 지었다고 합니다. 상단에는 그리스 여신 에이레네와 말 4필이 이끄는 '승리의 콰드리가 전차 조각상'이 있습니다.

　하지만 브란덴부르크 문을 통한 첫 개선식의 주인공이 바로 프랑스의 나폴레옹이었습니다. 프로이센과 프랑스가 벌인 전투에서 프랑스가 승리하고 베를린을 점령한 나폴레옹이 이 문을 통과하며 상단의 4두마차 상까지 파리로 가져갔다고 합니다. 물론 1814년 나폴레옹의 몰락 이후 프로이센 군이 역으로 파리를 점령하면서 조각상은 다시 베를린으로 돌아올 수 있었습니다. 이후엔 프로이센과 독일군의 개선 장소가 되었습니다.

　브란덴부르크 문은 제2차 세계 대전 당시 파괴되었다가 1957년부터 1958년까지 복원 공사를 했습니다. 독일의 통일 전에는 베를린 장벽의 상징적인 문이었으며, 2009년 세계 육상 선수권 대회에서는 마라톤과 경보 경기의 출발점과 결승점으로 사용되기도 했습니다. 지난 2014년 독일 대표팀이 월드컵에 우승하고 난 후 이곳에서 국민들과 승리를 자축할만큼 이곳은 독일 국민들에겐 승리의 상징적 장소로 사용되고 있습니다.

Kann ich hier bei Ihnen ein Konto eröffnen?

이곳 은행에서 계좌를 개설할 수 있습니까?

기본회화

A : **Kann ich hier bei Ihnen ein Konto eröffnen?**
칸　　　이히　히어　바이　이넨　　아인　콘토　　　에어외프넨

B : **Wozu brauchen Sie ein Konto?**
보쭈　　　브라우헨　　　지　아인　콘토

A : **Weil ich regelmässig einige Beträge überweisen muss.**
봐일　　이히　리겔메씨히　　　아이니게　베트레게　위버바이젠　　　무쓰

B : **Ah, ja. Dann brauchen Sie ein Girokonto.**
아　야　단　　브라우헨　　　지　아인　지로콘토

A : **Was soll ich machen, um ein Girokonto zu eröffnen?**
봐스　졸　이히　마헨　　　움　아인　지로콘토　　　쭈　에어외프넨

B : **Sie brauchen nur, das Formular hier auszufüllen.**
지　부라우헨　　　누어　다스　포물라　　　히어　아우스쭈퓔렌

Und zeigen Sie mal Ihren Pass!
운트　짜이겐　　지　말　이어렌　파스

A : **Hier ist mein Pass.**
히어　이스트 마인　　파스

A : 제가 여기서 계좌를 개설할 수 있나요?
B : 무엇 때문에 계좌가 필요하신가요?
A : 정기적으로 요금을 이체해야 하기 때문인데요.
B : 아, 그렇군요.
　　그럼 당신에게는 지로계좌가 필요합니다.
A : 지로계좌를 개설하려면 어떻게 해야 하나요?
B : 여기에 서류 작성을 하시기만 하면 됩니다.
　　그리고 여권 좀 보여주시구요.
A : 여기 제 여권이 있습니다.

1. Kann ich hier bei Ihnen ein Konto eröffnen?

제가 여기서 계좌 개설할 수 있나요?

화법조동사가 있는 의문형입니다. Konto eröffnen은 '계좌를 개설하다'라는 의미이며 bei Ihnen은 '당신에게서', 즉 '당신이 속한 은행에서'라는 뜻이 됩니다.

2. Weil ich regelmässig einige Beträge überweisen muss.

정기적으로 요금을 이체해야 하기 때문인데요.

weil은 이유를 나타내는 종속접속사로서 '(왜냐하면) ~때문에'라는 뜻을 가지고 있습니다. 이러한 종속접속사가 이끄는 문장은 동사가 후치하여야 합니다. 동사 überweisen은 '송금하다', '이체하다'란 의미로 은행권에서 자주 사용하는 용어입니다.

3. Was soll ich machen, um ein Girokonto zu eröffnen?

지로 계좌를 개설하려면 어떻게 해야 하나요?

'um ~ zu+Inf.(동사원형)' 구문은 '~을(를) 위하여'라는 뜻으로 자주 사용되는 구문입니다. um과 'zu+Inf.' 사이에는 보통 목적어가 등장합니다.

4. Sie brauchen nur, das Formular hier auszufüllen.

여기에 서류 작성하시기만 하면 됩니다.

'brauchen nur ~ zu+Inf.(동사원형)'은 '~하기만 하면 된다'는 의미로 사용되는 구문입니다. '작성하다'의 뜻을 가진 ausfüllen은 분리동사이기 때문에 zu가 분리동사와 기본동사 사이에 위치합니다.

새로 나온 단어

Konto 콘토	계좌, 구좌	**überweisen** 위버바이젠	이체하다, 송금하다
eröffnen 에어외프넨	개설하다	**Girokonto** 지로콘토	지로계좌
wozu 보쭈	무엇을 목적으로, 왜	**brauchen nur** 브라우헨 누어	~만 하면 되다
weil 봐일	왜냐하면 ~ 때문에	**zeigen** 짜이겐	가리키다, 보여주다
einige 아이니게	몇몇의	**Pass** 파스	여권
Beträge 베트레게	금액, 요금		

Wann öffnet die Bank?
반   외프넷   디   방크
은행은 언제 엽니까?

Wo finde ich die Bank?
보   핀데   이히 디   방크
은행이 어디 있습니까?

Die Bank ist heute geschlossen.
디   방크   이스트 호이테 게슐로쎈
은행은 오늘 마감시간이 지났습니다.

Tip

geschlossen은 schliessen(닫다)의 과거분사이며, ist ~ geschlossen은 상태수동으로서 '닫혀진 상태'를 뜻합니다. 마감시간이 지나거나 휴일에 사용되는 표현입니다.

Die Bank liegt der Post gegenüber.
디   방크   릭트   데어 포스트 게겐위버
은행은 우체국 맞은편에 있습니다.

Ich möchte Geld umtauschen.
이히 뫼히테   겔트   움타우쉔
저는 환전하고 싶습니다.

Wo kann man Geld umtauschen?
보   칸   만   겔트   움타우쉔
돈을 어디서 환전할 수 있죠?

Können Sie mir Dollar in Euro wechseln?
쾨넨   지 미어 돌라   인 오이로 벡셀른
달러를 유로화로 바꿔주실 수 있나요?

Tip

einlösen은 '풀다', '상환하다'라는 뜻을 가지고 있으나 수표를 현금으로 바꿀 때도 사용할 수 있습니다.

Kann ich hier diesen Scheck einlösen?
칸   이히 히어 디젠   쉑   아인뢰젠
여기서 이 수표를 현금으로 바꿀 수 있나요?

Wie viel möchten Sie in Bargeld wechseln?
뷔   필 뫼히텐   지 인 바겔트   벡셀른
얼마나 현금으로 바꾸실 건데요?

Gibt es einen Geldautomat in der Nähe?
깁트   에스 아이넨   겔트아우토맛   인 데어 네에
근처에 현금인출기가 있나요?

Geld abheben은 '돈을 인출하다'라는 뜻입니다.

Wann kann ich das Geld abheben?
반 칸 이히 다스 겔트 압헤벤
돈을 언제 다시 인출할 수 있지요?

Jederzeit kann man das Geld abheben.
예더차잇 칸 만 다스 겔트 압헤벤
언제든지 돈을 인출할 수 있습니다.

Ich möchte 200 Euro einzahlen.
이히 뫼히테 쯔바이훈더트 오이로 아인짤렌
200유로를 입금하고 싶습니다.

Ich möchte die Miete überweisen.
이히 뫼히테 디 미테 위버바이젠
월세를 이체하고 싶은데요.

'돈이 내 통장으로 들어왔느냐'를 묻는 표현으로서, 분리동사 eingehen은 '안으로 들어오다', '진입하다'라는 뜻입니다.

Ist Geld für mich eingegangen?
이스트 겔트 퓨어 미히 아인게강엔
제 계좌에 돈이 들어왔습니까?

Wie ist der Kurs?
뷔 이스트 데어 쿠어스
환율이 어떻게 되나요?

주요표현 단어

öffnen 외프넨	열다	**einlösen** 아인뢰젠	현금으로 바꾸다
Bank 방크	은행	**Geldautomat** 겔트아우토맛	현금인출기
geschlossen 게슐로쎈	닫다	**Nähe** 네에	근처
⇒ schließen(닫다)의 과거분사		**abheben** 압헤벤	인출하다
liegen 리겐	놓여 있다	**jederzeit** 예더차잇	언제든지
gegenüber 게겐위버	~건너편에	**einzahlen** 아인짤렌	입금하다
umtauschen 움타우쉔	교환하다	**eingegangen** 아인게강엔	(돈이) 들어오다
Dollar 돌라	달러(미국화폐)	⇒ eingehen의 과거분사	
wechseln 붹셀른	바꾸다, 교환하다	**Kurs** 쿠어스	환율, 시세
Scheck 쉑	수표		

종속접속사 weil

종속접속사는 한 문장을 주문장의 종속문(부문장)으로 만드는 역할을 합니다. 종속문이란 주문장에 종속되어 있는 부문장을 뜻하며 이 부문장을 이끄는 것이 종속접속사입니다. 이유를 나타내는 종속접속사 weil은 원인에 해당하는 부분을 이끌며 '(왜냐하면) ~이기 때문에'라는 뜻을 가지고 있습니다. 종속접속사가 이끄는 부문장은 동사가 맨 뒤로 가는 것(후치)이 특징입니다.

Er kommt heute nicht zum Unterricht.
그는 수업에 나오지 않는다.
Er ist krank.
그는 아프다.

위의 두 문장을 한 문장으로 만들면 '그가 아픈 것이 원인이 되어 수업에 나오지 않는' 상황이므로 그가 아프다는 두 번째 문장에 이유를 나타내는 접속사 weil을 사용하고 동사는 후치시킵니다. 그러면 다음과 같은 문장이 됩니다.

Er kommt heute nicht zum Unterricht, **weil** er krank ist.
그는 아프기 때문에 오늘 수업에 나오지 않는다.

이때 weil 문장이 전체 문장 제일 앞에 위치하게 되면 주문장은 도치되어 뒤따릅니다.
Weil er krank ist, kommt er heute nicht zum Unterricht.

● **brauchen ~ zu 부정형**

brauchen은 '~을 필요로 하다'라는 뜻을 가진 동사이기 때문에 zu 부정형을 목적어로 한다면 '~하는 것을 필요로 하다' 즉 '~할 필요가 있다'로 사용됩니다.

Ich **brauche** heute auf meine Freundin **zu warten**.
나는 오늘 여자친구를 기다릴 필요가 있다.
Man **braucht** am Sonntag nicht **zu arbeiten**.
일요일에는 일할 필요가 없다.

하지만 brauchen이 nur와 함께 쓰인다면 '~하기만 하면 된다'라는 뜻이 됩니다.

Ich **brauche nur** bis 10 Uhr nach Hause **zu gehen**.
나는 10시까지만 집에 가면 된다.

note

1. 다음 문장에서 밑줄 친 부분의 해석으로 옳은 것은?

> **Er ist immer müde, <u>weil er viel arbeitet.</u>**

① 그가 일을 많이 한다면
② 그가 일을 많이 하더라도
③ 그가 일을 많이 하기 때문에
④ 그가 일을 많이 하는데도 불구하고

weil은 이유를 나타내는 종속접속사입니다.

2. 다음 밑줄 친 부분과 바꾸어 쓸 수 있는 의문사는?

> **<u>Wozu</u> brauchen Sie ein Konto?**

① Wo
② Wie
③ Warum
④ Was

Wozu는 여기서 '무엇을 목적으로'라는 뜻이므로 이유를 묻는 의문사로 바꾸어도 같은 의미가 됩니다.

3. 다음 밑줄 친 부분을 올바로 표기한 것은?

> **Sie brauchen nur, das Formular hier ___________.**
> 당신은 여기 서류를 작성하기만 하면 됩니다.

① zu ausfüllen
② auszufüllen
③ aus zu füllen
④ ausfüllen

분리동사의 zu 부정형은 분리전철과 기본동사 사이에 zu를 위치시키고 붙여 써야 합니다.

4. 다음을 독일어로 표현할 경우 밑줄에 들어갈 단어를 쓰시오.

저는 계좌를 개설하고 싶습니다.
Ich möchte gern ein Konto ___________.

'계좌를 개설하다'는 독일어로 Konto eröffnen입니다.

정답

1. ③　　2. ③　　3. ②　　4. eröffnen

생명/삶(Leben) 관련 단어

Glück 행복
글뤽

Geburt 탄생
게부어트

Tod 죽음
토트

Unfall 사고
운팔

Schmerz 고통
슈메르츠

Trauer 비애
트라우어

Freude 기쁨
프로이데

Kummer 근심, 걱정
쿰머

Träne 트래네	눈물	
Krieg 크릭	전쟁	
Unglück 운글뤽	불행	
Leid 라이트	고통, 괴로움	
Frieden 프리덴	평화	
Anfang 안팡	시작	
Ende 엔데	끝, 마지막	
Schluss 슐루쓰	종료, 결말	
Fleiss 플라이쓰	근면	
Faulheit 파울하잇	나태	
Tat 탓	행위, 행동	

Arbeitslosigkeit 아르바잇로지히카잇	실업
Asyl 아쥘	망명
Parlament 팔라멘트	의회
Abgeordnete 압게오엇네테	국회의원
Partei 파타이	정당
Wahl 봘	선거
Land 란트	국가, 육지
Kreis 크라이쓰	구역
Gemeinde 게마인데	공동체
Welt 벨트	세계, 구역
Staatbürger 슈타트뷔어거	국민
Demokratie 데모크라티	민주주의
Grenze 그렌쩨	국경
Volk 폴크	국민, 민중
Kanzler 칸쯜러	수상, 총장

국가(Staat)/정치(Politik) 관련 단어

Agenda 아젠다	정책	
Amt/Behörde 암트/베회어데	관공서	

한국에서 많이 사용하는 독일어

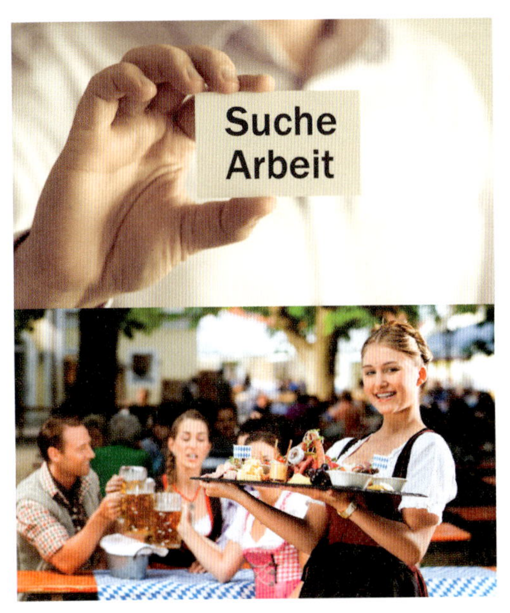

한국에서 제일 많이 사용하는 독일어 단어는 무엇일까요? 아마도 '아르바이트(Arbeit)'일 것입니다. 하지만 한국에서 쓰는 아르바이트와 독일에서 쓰는 아르바이트는 약간의 차이가 있습니다. 독일에서는 아르바이트가 '일, 노동'이라는 폭넓은 의미로 사용되지만, 한국에서는 대학생들이나 아주머니들의 '부업' 정도로 인식되고 있지요. 요즘엔 이 용어가 축약된 형태인 '알바'로 흔히 사용되고 있으니 형태적으로도 내용적으로도 독일어와는 괴리감이 있는 것처럼 보입니다.

우리가 흔히 독일어인지 모르고 사용하는 독일어는 또 있습니다. '도플갱어'로 일컬어지는 '도펠갱어(Doppelgänger)'가 그것인데 원래는 '한 인간의 내부에 존재하는 이중적 자아'를 뜻합니다. 한국에서는 '외모가 비슷한 사람'이라는 의미로도 사용되어 이 역시 원래의 뜻과 일정한 차이를 보이고 있습니다. 그 밖에도 '이념'을 뜻하는 '이데올로기(Ideologie)', '등산용 밧줄'을 뜻하는 '자일(Seil)', '배낭'을 뜻하는 '룩색(Rucksack)', '따스하고 건조한 바람 때문에 생기는 고온현상'을 뜻하는 '푄(Föhn)' 현상 등이 한국에서 많이 쓰이는 독일어 단어들입니다.

의학분야에서 많이 쓰이는 노이로제(Neurose), 알레르기(Alergie), 게놈(Genom), 아스피린(Aspirin), 모르핀(Morphin)과 과학분야의 디젤(Diesel), 마하(Mach), 헤르츠(Hertz) 등도 우리가 흔히 쓰는 독일어 단어들입니다.

23

Ich freue mich schon auf unsere Party. 우리 파티가 벌써 기대된다.

기본회화

A : Unser Kurs ist leider bald zu Ende. Wollen wir am Wochenende feiern?
운저　쿠어스 이스트 라이더 발트 쭈 엔데　볼렌　뷔어 암　보헨엔데　파이언

B : Das ist eine tolle Idee! Wo sollen wir die Party machen?
다스　이스트 아이네 톨레　이데　보　졸렌　뷔어 디　파티　마헨

A : Ich habe eine große Wohnung, also machen wir das am Wochenende bei mir.
이히 하베　아이네 그로쎄　보눙　알조 마헨　뷔어 다스 암　보헨엔데　바이 미어

B : Wenn es gehen würde, wäre es wunderbar.
뷘　에스 게엔　뷔르데　베레　에스 분더바

Wir müssen aber viel einkaufen.
뷔어 뮈쎈　아버　필　아인카우펜

A : Es wäre besser, wenn jeder etwas kochen und mitbringen würde.
에스 베레　베써　뷘　예더　에트봐스 코헨　운트　밋브링엔　뷔르데

B : So machen wir das. Ich bringe einen Salat mit.
조　마헨　뷔어 다스　이히　브링에　아이넨　잘랏　밋

A : Dann backe ich einen Kuchen. Ich freue mich schon auf unsere Party.
단　바케　이히 아이넨　쿠헨　이히 프로이에 미히　숀　아우프 운저레　파티

B : Ich freue mich auch sehr darauf.
이히 프로이에 미히　아우흐　제어　다라우프

A : 아쉽게도 우리 수업이 곧 끝나는구나. 주말에 파티할까?

B : 그것 참 멋진 생각이야. 그런데 어디서 파티를 하지?

A : 내 집이 크니까 주말에 내 집에서 하지 뭐.

B : 그렇게 된다면 아주 좋지. 그런데 장을 많이 봐야 될 텐데.

A : 각자가 뭔가 요리를 해서 가져온다면 좋을 것 같아.　　B : 그렇게 하자. 내가 샐러드 만들어 갈게.

A : 난 케이크 만들어 갈게. 파티가 벌써 기대되는구나.　　B : 나도 파티가 아주 기대되는걸.

1. Unser Kurs ist leider bald zu Ende. 우리 수업이 아쉽게도 곧 끝나는구나.

Kurs는 '강좌' 혹은 '수업'을 뜻하며, zu Ende는 끝나갈 무렵에 대한 표현입니다. 즉 '수업이 아쉽게도 끝나는 시점에 왔다'는 의미입니다.

2. Wenn es gehen würde, wäre es wunderbar. 그렇게 된다면 아주 좋지.

부문장과 주문장 모두 가정이나 추측, 비현실을 뜻하는 접속법 2식을 사용했습니다. 여기서 gehen은 '가다'가 아니라 '되어 가다', '진행되다'의 뜻입니다. 상대방이 집에 초대한 경우이므로 '그렇게 되면 좋지'의 느낌으로 이해하면 되겠습니다.

3. Es wäre besser, wenn jeder etwas kochen und mitbringen würde. 각자 요리를 해서 가져온다면 좋을 것 같아.

마찬가지로 주문장과 부문장 모두 접속법 2식이 사용되었습니다. Es wäre besser, wenn ~은 '~라면 좋을 것 같다'는 의미입니다.

4. Ich freue mich schon auf unsere Party. 벌써 파티가 기다려지는군.

freuen은 타동사로서 '기쁘게 하다'이며 스스로 기뻐할 때는 재귀대명사 sich를 사용합니다. 그런데 사용하는 전치사에 따라 약간 다른 느낌을 주는데 freuen sich über는 과거나 현재의 기쁨을 표현하여 '~에 대해 기뻐하다'가 되고 freuen sich auf는 '(미래의 일에 대해) 고대하다'라는 뜻을 갖게 됩니다.

새로 나온 단어

Kurs 쿠어스	강좌, 수업	**kochen** 코헨	요리하다, 익히다
bald 발트	곧	**Salat** 잘랏	샐러드
zu Ende 쭈 엔데	끝에, 마지막에	**backen** 바켄	(빵을) 굽다
feiern 파이언	파티하다, 축하하다	**Kuchen** 쿠헨	케이크
wunderbar 분더바	놀라운	**freuen** 프로이엔	기쁘게 하다
einkaufen 아인카우펜	쇼핑하다, 장 보다	⇒ sich auf와 함께 쓰이면 '고대하다'	
jeder 예더	각자, 누구나		

Ich möchte Sie zum Abendessen einladen.
이히 뫼히테 지 쭘 아벤트에쎈 아인라덴
당신을 저녁식사에 초대하고 싶습니다.

Sehr gerne!
제어 게어네
기꺼이 가겠습니다!

Komm bei mir vorbei!
콤 바이 비어 포어바이
우리 집에 들르렴!

Wie wäre es am Mittwoch?
뷔 베어 에스 암 미트보흐
수요일이 어떤가요?

Das hört sich gut an.
다스 회엇 지히 굿 안
그게 좋겠습니다.

Tut mir leid, aber ich kann nicht kommen.
툿 미어 라잇 아버 이히 칸 니히트 콤멘
죄송하지만 갈 수가 없습니다.

Am Samstag bekomme ich Besuch.
암 잠스탁 베콤메 이히 베주흐
토요일에 손님이 와요.

Wann passt es Ihnen am besten?
반 파쓰트 에스 이넨 암 베스텐
당신에겐 언제가 제일 좋습니까?

Es wäre mir am Sonntag gut.
에스 베어 미어 암 존탁 굿
내게는 일요일이 좋을 것 같아요.

Ich nehme Getränke mit.
이히 네메 게트렝케 밋
내가 음료를 가져올게요.

> **Tip**
> vorbeikommen은 분리동사로 '들르다'라는 뜻을 가지고 있습니다. 이 표현은 du에 대한 명령형으로 사용되었습니다.

> **Tip**
> 직역하면 '그것은 좋게 들린다', 즉 상대의 제안이나 물음에 만족하는 표현입니다. 제안의 경우엔 동의를 뜻합니다.

Wir brauchen etwas zu essen und zu trinken.
뷔어 브라우헨   에트봐스 쭈 에쎈   운트 쭈 트링켄
우린 먹을 것과 마실 것이 좀 필요해요.

Kannst du mich abholen?
칸스트   두 미히   압홀렌
나를 데리러 올 수 있니?

Ich finde, wir sollten früh losfahren.
이히 핀데   뷔어 졸텐   프뤼 로스파렌
내 생각엔 우리가 일찍 출발해야 할 것 같아.

Was wollen Sie am Feiertag machen?
봐스 볼렌   지 암 파이어탁   마헨
휴일에는 무엇을 하려고 하십니까?

Wir wollen draußen eine Grillparty machen.
뷔어 볼렌   드라우쎈   아이네 그릴파티   마헨
우린 밖에서 그릴파티를 하려고요.

Wollen Sie morgen zur Tanzparty kommen?
볼렌   지 모르겐   쭈어 탄쯔파티   콤멘
내일 댄스파티에 오실래요?

주요표현 단어

Abendessen 아벤트에쎈	저녁식사	**Getränke** 게트렝케	음료
einladen 아인라덴	초대하다	**mitnehmen** 밋네멘	가져오다
vorbeikommen 포어바이콤멘	들르다	**abholen** 압홀렌	데려오다, 가져오다
Mittwoch 미트보흐	수요일	**früh** 프뤼	일찍
sich anhören 지히 안회렌	들리다	**losfahren** 로스파렌	출발하다
Samstag 잠스탁	토요일	**Freitag** 프라이탁	금요일
Besuch 베주흐	방문, 방문객	**draußen** 드라우쎈	밖에서
passt 파쓰트	맞다, 어울리다	**Grillparty** 그릴파티	그릴파티, 고기파티
Sonntag 존탁	일요일	**Tanzparty** 탄쯔파티	댄스파티

문법이야기

재귀동사

　재귀동사란 재귀대명사와 함께 쓰이는 동사를 말합니다. 재귀대명사는 문장 내에서의 행위가 주어와 관계하고 있다는 사실을 보여주는 역할을 하기 때문에 인칭대명사와는 구분됩니다. 재귀대명사의 형태는 다음과 같습니다.

		1인칭	2인칭	3인칭			존칭
				남성	여성	중성	
단수	1격	ich	du	er	sie	es	Sie
	3격	**mir**	**dir**	**sich**	**sich**	**sich**	**sich**
	4격	**mich**	**dich**	**sich**	**sich**	**sich**	**sich**
복수	1격	wir	ihr	sie			Sie
	3격	**uns**	**euch**	**sich**			**sich**
	4격	**uns**	**euch**	**sich**			**sich**

　위의 표에서 보듯 재귀대명사는 3인칭에서 일정 부분 인칭대명사와 차이가 있다는 것을 알 수 있습니다. 재귀대명사의 특징은 다음과 같이 요약될 수 있습니다.

　1) 1인칭과 2인칭은 재귀대명사와 인칭대명사가 동일한 형태를 갖는다.
　2) 3인칭과 존칭은 3격과 4격 재귀대명사가 모두 sich다.

　주로 재귀대명사와 함께 쓰이는 재귀동사의 용례를 살펴봅시다.

　a) Ich **interessiere mich** nicht **für** Musik.　나는 음악에 관심이 없다.
　b) Er **freut sich über** das Geschenk.　그는 선물에 대해 기뻐하고 있다.
　c) Er **freut sich auf** die Ferien.　그는 방학을 고대하고 있다.

　a)는 '~에게 관심을 가지다'는 뜻으로 사용된 재귀동사 sich interessieren für를 사용한 문장이며, b)는 '~에 대해 기뻐하다'라는 뜻의 sich freuen über, c)는 '~를 고대하다'는 뜻의 sich freuen auf를 사용한 문장입니다.

1. 다음 문장에서 빈칸에 들어갈 알맞은 재귀대명사를 고르시오.

> **Ich freue __________ schon auf unsere Party.**

① mir　　　　　　　② mich

③ sich　　　　　　　④ uns

2. 다음 문장의 뜻으로 올바른 것은?

> **Wenn es gehen würde, wäre es wunderbar.**

① 잘 지낸다면 좋은 일이지.

② 그렇게 된다면 아주 좋지.

③ 잘 지내고 있다니 놀랍구나.

④ 네가 거기에 간다면 좋을 것 같다.

3. 다음 대화에서 대답으로 어울리지 <u>않는</u> 표현은?

> **A : Wollen wir am Wochenende feiern?**
> **B : __________________________ .**

① Das ist eine tolle Idee　　② Das finde ich gut

③ So machen wir das　　　　④ Das macht nichts

4. 다음을 독일어로 표현할 경우 밑줄에 들어갈 부분을 쓰시오.

아쉽게도 우리 수업이 곧 끝나는구나.

Unser Kurs ist leider bald ______________ .

정답

1. ②　　　2. ②　　　3. ④　　　4. zu Ende

문구류(Schreibwaren) 관련 단어

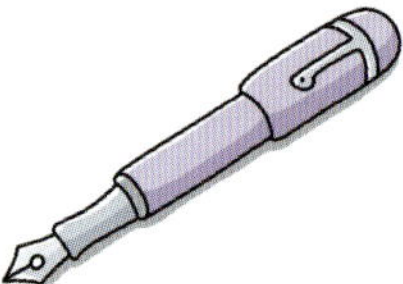

Bleistift 연필
블라이슈티프트

Füller 만년필
퓔러

Tinte 잉크
틴테

Radiergummi 지우개
라디어구미

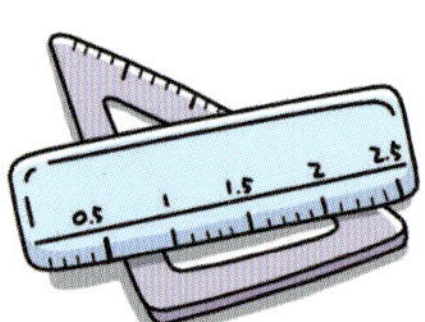

Schreibheft 노트
슈라입헤프트

Lineal 자
리네알

Zirkel 컴퍼스
찌르켈

Schere 가위
쉐레

Kugelschreiber 쿠겔슈라이버	볼펜	**Bastel** 바스텔	공작(만들기)
Pinsel 핀젤	붓	**Klarsichtfolie** 클라지스트폴리에	투명포장지
Papier 파피어	종이	**Textmarker** 텍스트마커	형광펜
Etui 에투이	케이스, 상자	**Malblock** 말블록	스케치북
Schreibblock 슈라입블록	메모장	**Malkasten** 말카스텐	미술도구함
Kleber 클레버	풀	**Wasserfarbkasten** 바써파르브카스텐	물감상자
Buntstift 분트슈티프트	색연필	**Sammelmappe** 잠멜마페	서류철
Federmäppchen 페더멥헨	필통	**Tornister** 토니스터	책가방
Filzstift 필쯔슈티프트	사인펜	**Umschlag** 움슐락	봉투
Fasermaler 파저말러	색사인펜	**Vokabelheft** 보카벨헤프트	단어장
Tintenkiller 틴텐킬러	수정액	**Wachsmalstifte** 박스말슈티프테	크레용
Heft 헤프트	노트	**Zeichenblock** 짜이헨블록	스케치북
Hefter 헤프터	스탬플러	**Rechner** 레히너	계산기
Mappe 마페	서류철, 폴더	**Locher** 로허	펀치
Ordner 오어트너	서류철	**Kugelschreibermine** 쿠겔슈라이버미네	볼펜심

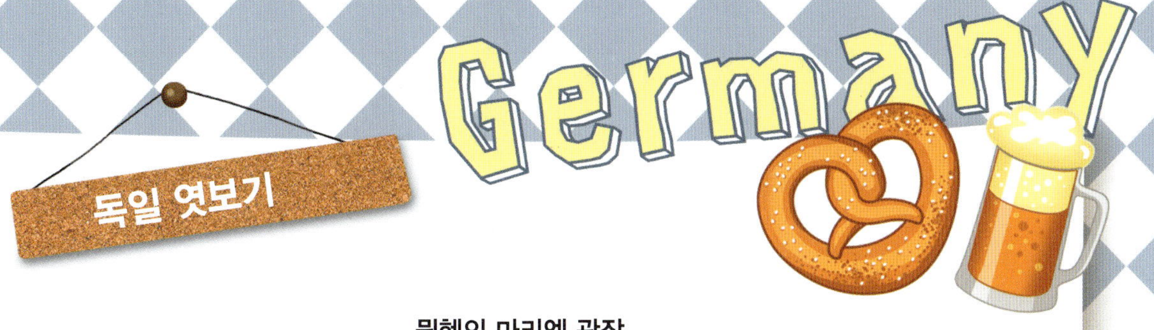

독일 엿보기

뮌헨의 마리엔 광장

베를린, 함부르크에 이어 독일에서 세 번째 규모를 자랑하는 뮌헨(München)은 세계 최대의 맥주축제 옥토버페스트의 본고장입니다. 독일 축구 클럽의 자존심 바이에른 뮌헨의 홈구장이 위치한 곳이기도 합니다.

이러한 뮌헨의 중심부에 위치한 마리엔 광장(Marienplatz), 이 광장 주변에 신시청사(Neues Rathhaus)와 프라우엔 교회(Frauenkirche) 등 관광명소가 집중되어 있습니다. 마리엔 광장의 명물인 신시청사는 1869년부터 1909년에 걸쳐 네오고딕양식으로 건축되었다고 합니다.

신청사 가운데 위치한 시계탑의 종놀이(Glockenspiel)은 또 하나의 볼거리입니다. 3월부터 10월까지 매일 12시 정오와 오후 5시, 9시에 종소리와 함께 인형들이 돌아가면서 펼쳐지는 인형극을 볼 수 있습니다. 15세기 빌헬름 5세의 결혼식과 사육제를 맞이하여 춤을 추는 인형이라고 합니다. 종이 울리며 인형극이 펼쳐지는 시간엔 많은 관광객들이 모여들기도 합니다.

광장의 한가운데는 뮌헨의 수호신 마리아탑이 세워져 있습니다. 뮌헨의 기준점이라고 일컬어지는 이 마리아탑의 제일 위쪽에는 예수를 안고 있는 황금색 마리아상이 세워져 있습니다. 주변에는 장난감박물관(Spielzeugmuseum), 구시청사가 있고 카페 쇼핑센터 등도 많아 한곳에서 한꺼번에 관광을 할 수 있다는 장점이 있습니다.

Lektion 24

Ich bin stolz auf dich.
네가 자랑스럽구나.

기본회화

A : **Hallo, Markus! Ich habe gehört, dass du gestern**
할로　　마르쿠스　　이히　하베　게회어트　다스　두　게스턴

Geburtstag hast. Wie war es denn?
게부어츠탁　　하스트　뷔　봐　에스　덴

B : **Ja, stimmt. Ich konnte gestern mit meinen Freunden**
야　슈팀트　　이히　콘테　　게스턴　　밋　마이넨　　프로인덴

die ganze Zeit im Garten feiern und grillen.
디　간쩨　차잇　임　가르텐　파이언　운트　그릴렌

Schade, dass du nicht zu meiner Feier gekommen bist.
샤데　　다스　두　니히트　쭈　마이너　파이어　게콤멘　　비스트

A : **Ich konnte nicht zu dir kommen, weil ich eine**
이히　콘테　니히트　쭈　디어　콤멘　　봐일　이히　아이네

wichtige Prüfung machen musste.
뷔히티게　　프뤼풍　마헨　무스테

B : **Wie war dein Prüfungsergebnis?**
뷔　봐　다인　프뤼풍스에어겝니스

A : **Ich habe die Prüfung mit guten Noten bestanden.**
이히　하베　디　프뤼풍　밋　구테　노테　베슈탄덴

B : **Gratuliere! Ich bin stolz auf dich.**
그라툴리어레　　이히　빈　슈톨쯔　아우프　디히

A : 안녕, 마르쿠스! 너 어제 생일이었다고 들었는데, 어땠니?

B : 맞아, 어제 친구들하고 하루종일 정원에서 파티를 했고 고기도 구워먹을 수 있었어.
　　너가 내 파티에 못 와서 아쉽구나.

A : 내가 중요한 시험을 치러야 했기 때문에 너한테 갈 수 없었어.　　　　B : 시험 결과는 어떻게 됐니?

A : 좋은 성적으로 시험에 합격했어.　　　　　　　　　　　　　　　　　B : 축하한다! 네가 자랑스럽구나.

1. Ich habe gehört, dass du gestern Geburtstag hast.

너 어제 생일이라고 들었어.

dass 구문은 여기서 주문장의 목적절로 사용되었으며, dass는 '~하는 것'을 의미합니다. dass 구문의 문장은 동사가 맨 뒤에 위치하는 후치법을 사용합니다.

2. Schade, dass du nicht zu meiner Feier gekommen bist.

네가 내 파티에 오지 못한 것이 아쉬워.

Schade, dass ~는 Es ist schade, dass ~ 구문을 말하는 것으로서 '네가 내 파티에 오지 못한 사실'이 아쉽다는 내용입니다. 즉 dass 이하의 사실이 유감이라며 아쉬운 마음을 드러내는 표현입니다.

3. Ich konnte nicht zu dir kommen, weil ich eine wichtige Prüfung machen musste.

중요한 시험을 치러야 했기 때문에 네게 갈 수가 없었어.

주문장은 화법조동사 können의 과거가 이용되었으며 부문장 역시 화법조동사 müssen의 과거가 사용되었습니다. weil은 이유를 나타내는 접속사로 동사는 후치합니다.

4. Ich bin stolz auf dich.

네가 자랑스럽구나.

stolz는 '자랑스러운'이란 뜻으로 전치사 auf와 결합하여 '~를 자랑스럽게 생각하다'라는 뜻으로 사용됩니다. auf의 목적어는 4격이 쓰입니다.

새로 나온 단어

gehört 게회어트	듣다	⇒ Prüfungsergebnis는 '시험 결과'	
⇒ hören의 과거분사		**Noten** 노텐	성적
Garten 가르텐	정원	⇒ Note의 복수	
grillen 그릴렌	고기 파티하다	**bestanden** 베슈탄덴	합격하다
schade 샤데	유감스러운, 아쉬운	⇒ bestehen의 과거분사	
Feier 파이어	축제, 파티	**gratulieren** 그라툴리어레	축하하다
wichtig 비히티히	중요한	**stolz** 슈톨쯔	자랑스러운
Prüfung 프뤼풍	시험	⇒ 전치사 auf와 함께 쓰임	
Ergebnis 에어겝니스	결과		

Ich gratuliere zur bestandenen Prüfung.
이히 그라툴리어레 쭈어 베슈탄데넨 프뤼풍
시험 합격을 축하드립니다.

Tip

sich vorbereiten auf ~는 '무엇을 준비하다'로 사용되는 표현입니다.

Ich muss mich auf die Prüfung vorbereiten.
이히 무스 미히 아우프 디 프뤼풍 포어베라이텐
저는 시험 준비를 해야 합니다.

Ich muss jetzt lernen.
이히 무쓰 옛츠트 레어넨
이제 공부를 해야 합니다.

Tip

분리동사 vorangehen은 '앞서 나가다', '진척되다'로 쓰이는 동사입니다. 상대의 학업 진행상황에 대해 궁금할 때 이러한 표현을 쓸 수 있습니다.

Wie geht Ihr Studium voran?
뷔 게엣 이어 슈투디움 포어란
학업은 어떻게 진행되고 있나요?

Du wirst bestimmt die Prüfung bestehen.
두 비어스트 베슈팀트 디 프뤼풍 베슈테엔
넌 분명 합격할 거야.

Viel Erfolg bei der kommenden Prüfung!
필 에어폴크 바이 데어 콤멘덴 프뤼풍
다가오는 시험에서 많은 성과가 있기를!

Viel Glück bei der Prüfung!
필 글릭 바이 데어 프뤼풍
시험 잘 봐요!

Meine besten Glückwünsche!
마이네 베스텐 글릭뷘쉐
진심으로 축하드립니다!

Vielen Dank für die wunderschöne Party!
필렌 당크 퓨어 디 분더쉐네 파티
멋진 파티에 감사드립니다!

Danke für Ihren Besuch!
당케 퓨어 이어렌 베주흐
방문해 주셔서 감사합니다!

sich unterhalten은 '대화하다'
라는 뜻도 있으나 '(오락을) 즐
기다'라는 뜻도 있습니다. 상대
방이 재미있게 시간을 보냈는지
를 묻는 표현입니다.

fürchten은 '두려워하다'라는
뜻으로 상대의 제안이나 초대에
응할 수 없음이 두렵다는 것입
니다. 즉 예의를 갖춰 거절할 때
사용되는 표현입니다.

Haben Sie sich heute gut unterhalten?
하벤　지　지히　호이테　굿　운터할텐
당신 오늘 즐거우셨나요?

Vielen Dank für die Einladung!
퓔렌　당크　퓨어 디　아인라둥
초대해 주셔서 감사합니다!

Warum kommen Sie nicht auf die Party?
봐룸　콤멘　지　니히트 아우프 디　파티
당신은 왜 파티에 안 오시죠?

Treffen wir uns heute Abend zum Essen?
트레펜　비어 운스　호이테　아벤트　쭘　에쎈
오늘 저녁에 만나서 식사할까요?

Ich fürchte, ich kann leider nicht.
이히 퓨어히테　이히 칸　라이더 니히트
유감이지만 안 될 것 같아요.

Danke, ich komme gerne.
당케　이히 콤메　게어네
고맙습니다, 기꺼이 가겠습니다.

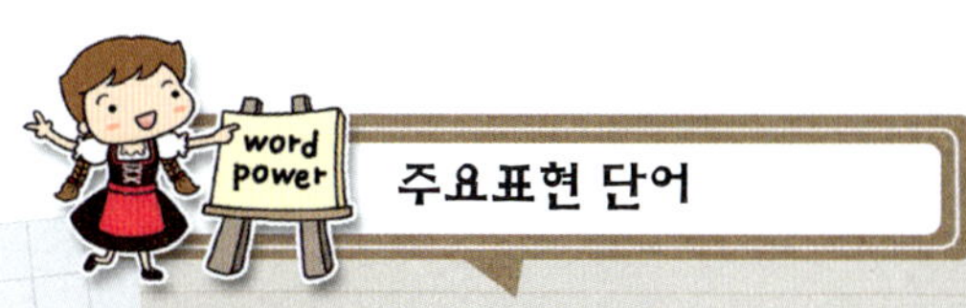

vorbereiten 포어베라이텐	준비하다	**Glückwünsche** 글뤽뷘쉐	축하
lernen 레어넨	공부하다	**wunderschöne** 분더쉐네	훌륭한, 멋진
Studium 슈투디움	학업	**sich unterhalten** 지히 운터할텐	즐기다
vorangehen 포어란게엔	진전되다	**Einladung** 아인라둥	초대
bestimmt 베슈팀트	분명히	**warum** 봐룸	왜
Erfolg 에어폴크	성공	**treffen** 트레펜	만나다
kommend 콤멘트	다가오는	**befürchten** 베퓨어흐텐	두려워하다

부문장

　부문장은 주로 주문장에 종속된 문장, 즉 접속사가 이끄는 문장이거나 의문사가 포함된 간접화법 문장, 그리고 관계대명사가 사용된 관계문장을 일컫습니다. 여기서는 dass를 이용한 부문장을 살펴보겠습니다. dass는 일종의 접속사이며 dass가 이끄는 부문장은 목적절로 활용되는 경우가 많습니다. dass 구문 내에서 동사는 후치합니다.

a) Ich weiss. 나는 알고 있다.
b) Er kommt heute. 그는 오늘 온다.

　이 두 문장을 하나의 문장으로 완성하려면 "나는 그가 오늘 온다는 것(사실)을 알고 있다."가 되어야 하므로 a)는 주문장, b)는 부문장으로 처리해야 할 것입니다. 이때 dass라는 접속사를 사용하면 다음과 같은 문장이 됩니다.

Ich weiss, **dass** er heute kommt. 나는 그가 오늘 온다는 것(사실)을 알고 있다.

● **형용사 변화**

　형용사 변화란 명사를 수식해 주는 형용사의 끝에도 어미가 변화하는 것을 말합니다. 형용사의 꾸밈을 받는 명사의 성, 수, 격에 따라, 그리고 형용사 앞에 관사가 있는지 여부에 따라 형용사 어미변화는 크게 세 가지로 나뉩니다. 기본적으로는 '관사+명사' 사이에 형용사가 위치하고 있는 형태입니다.

1) 무관사 + 형용사 + 명사 (강변화) : alt**er** Mann
2) 정관사 + 형용사 + 명사 (약변화) : der alt**e** Mann
3) 부정관사 + 형용사 + 명사 (혼합변화) ein alt**er** Mann

a. Ich trinke kalt**es** Wasser. (중성 4격 어미) – 나는 차가운 물을 마신다.
b. Ich fahre mit dem klein**en** Auto. (중성 3격 어미) – 나는 작은 자동차를 타고 간다.
c. Ich kenne ein klein**es** Kind. (혼합변화 중성 4격) – 나는 한 어린아이를 알고 있다.

　이와 같이 독일어 형용사는 명사의 성, 수, 격과 관사의 유무에 따라 다양한 어미변화를 하며 어미변화 형태는 각종 독일어 문법서를 참조하도록 합니다.

1. 다음 (   ) 안에 들어갈 접속사로 알맞은 것은?

> **Ich habe gehört, (   ) du gestern Geburtstag hast.**

① dass   ② weil

③ ob   ④ da

2. 다음 생일축하 표현으로 적당하지 <u>않은</u> 것은?

① Alles Gute zum Geburtstag!

② Ich gratuliere dir zum Geburtstag!

③ Herzlich willkommen zum Geburtstag!

④ Herzlichen Glückwunsch zum Geburtstag!

3. 다음 독일어 표현의 의미로 맞는 것은?

> **Ich bin stolz auf dich.**

① 나는 너를 이해한다.   ② 나는 네가 자랑스럽다.

③ 나는 너에게 만족한다.   ④ 나는 너를 축하한다.

4. 다음에서 밑줄 친 부분에 들어갈 형용사 변화형을 고르시오.

> **Ich konnte nicht zu dir kommen, weil ich**
> **_________________ machen musste.**

① eine wichtige Prüfung   ② eine wichtiger Prüfung

③ eine wichtiges Prüfung   ④ eine wichtigen Prüfung

정답

1. ①   2. ③   3. ②   4. ①

---

note

Ich habe gehört, dass ~ 는 '~하는 것을 들었다'라는 뜻입니다.

Willkommen(환영합니다)은 초대하는 사람 입장에서 하는 말입니다.

stolz는 형용사로서 '자랑스러운'이란 뜻을 가지고 있습니다.

부정관사가 있고 여성 4격이 쓰였음에 유의하여야 합니다.

방향(Richtung) 관련 단어

rechts 오른쪽
레히츠

links 왼쪽
링쓰

oben 위에
오벤

unten 아래에
운텐

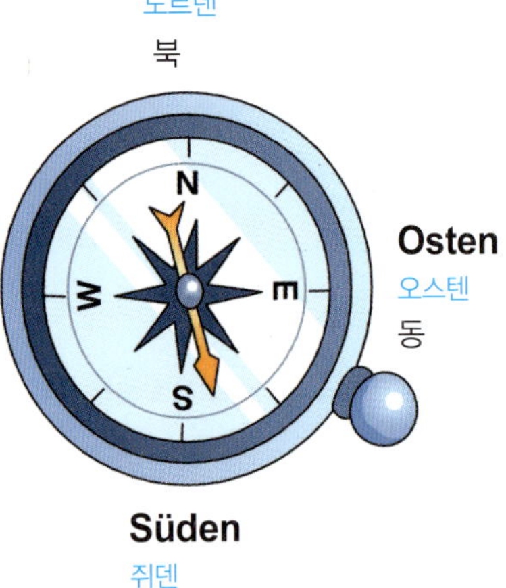

nördlich 뇌어틀리히	북쪽의	**nächst** 넥스트	다음
nordwest 노어트베스트	북서	**Ausfahrt** 아우스파르트	출구
nordost 노어트오스트	북동	**Mitte** 미테	중간
südwest 쥐트베스트	남서	**Über** 위버	맞은편
südost 쥐트오스트	남동	**Nähe** 네에	근처, 근교
südlich 쥐틀리히	남쪽의	**Karte** 카르테	지도
östlich 외스틀리히	동쪽의	**Weg** 벡	길
westlich 베스틀리히	서쪽의	**Stopp** 슈톱	멈춤표시
vor 포어	앞에	**Navigation** 나비가치온	네비게이션
hinter 힌터	뒤에	**Spur** 슈푸어	차선
neben 네벤	옆에	**Abschnitt** 압슈닛	구간
entfernt 엔트페언트	먼	**Notausgang** 놋아우스강	비상구
draußen 드라우쎈	밖에서	**Ampel** 암펠	교통신호등
Innen 인넨	실내	**Rotlicht** 롯트리히트	빨간신호등
Seite 자이테	옆	**Grünlicht** 그륀리히트	녹색신호등

베를린 장벽

　구 동독의 수도 베를린에 세워진 장벽(Berliner Mauer)은 분단 독일의 상징이자 냉전 시대의 대표적인 상징 중 하나입니다.

　1961년부터 1989년까지 존재한 베를린 장벽이 처음 생기게 된 이유는 제2차 세계대전으로 거슬러 올라갑니다. 얄타 회담에 의해서 연합국 4국, 즉 미국, 영국, 프랑스, 소련에 의해서 전범국이었던 독일이 서독과 동독으로 분할되기로 결정이 되었으며, 베를린도 마찬가지로 동베를린은 동독령, 서베를린은 서독령으로 4분할을 하게 됩니다. 이에 따라 서베를린은 소련군 점령 지역인 동독에 섬처럼 떨어져 있었으며 이것이 바로 베를린 장벽이 건설되는 원인이 되었습니다.

　1961년에 처음 세워진 장벽의 총 길이는 약 155km, 높이 3.6m의 콘크리트 장벽이 106km 뻗어 있었으며, 나머지 49km는 철조망이 3겹으로 둘러싸여 있었습니다. 그럼에도 불구하고 1989년 베를린 장벽이 붕괴되기 전까지 약 5000명이 동베를린에서 서베를린으로 탈출에 성공했으며 136명이 희생되기도 했습니다. 1989년 9월에 라이프치히에서 시작된 시위가 기폭제가 되어 동독 전역으로 민주화 시위가 벌어지게 되었고, 동독정부는 시위대를 달래기 위해 1989년 11월 9일 여행자유화 정책을 발표하면서 베를린 장벽은 국민의 힘으로 무너지게 됩니다. 이 사건은 1990년 10월 3일 공식적인 독일 통일로 이어지게 된 상징적 사건이 되었습니다.

[붕괴되기 직전 브란덴부르크 문 앞의 베를린 장벽]

찾아보기

가

자

■저자 **박일균**

한국 외국어대학교 독일어과 및 동 대학원 졸업

독일 뒤셀도르프(Düsseldorf)대학 독어독문학 및 번역학 전공

경성고등학교 독일어 강사(前)

뒤셀도르프 한인학교 한국어 · 독일어 교사(前)

베를린 독일어 통번역 학원 전임강사(現)

■저서 / 논문

The 쉬운 독일어 문법

문학번역의 연구대상과 과제

호흐후트의 『히틀러의 파우스트 박사』 연구

혼자배우는 독일어 첫걸음

초판 1쇄 발행 2018년 1월 15일
　　　5쇄 발행 2026년 1월 15일

발행인 박해성
발행처 정진출판사
저자 박일균
편집 김양섭, 조윤수
기획마케팅 이훈, 박상훈
디자인 허다경
삽화 그림숲, 허다경
출판등록 1989년 12월 20일 제 6-95호
주소 136-130 서울시 성북구 화랑로 119-8
전화 02-917-9900
팩스 02-917-9907
홈페이지 www.jeongjinpub.co.kr

ISBN 978-89-5700-151-6 *13750